被神召唤的尘粒

subculture

陈霖 著

苏州大学出版社

图书在版编目(CIP)数据

迷族：被神召唤的尘粒 / 陈霖著. —苏州：苏州大学出版社，2012.5
（新媒介与青年亚文化 / 马中红主编）
ISBN 978-7-5672-0024-1

Ⅰ.①迷… Ⅱ.①陈 Ⅲ.①青年—亚文化—研究 Ⅳ.①C913.5

中国版本图书馆 CIP 数据核字(2012)第 070722 号

迷族 被神召唤的尘粒

著　　者　陈　霖
丛书策划　沈海牧　李寿春
责任编辑　李寿春
装帧设计　吴　钰
出版发行　苏州大学出版社
地　　址　苏州市十梓街 1 号
邮　　编　215006
电　　话　0512-65225020　65222617(传真)
网　　址　http://www.sudapress.com
印　　刷　南通印刷总厂有限公司
开　　本　700 mm×1 000 mm　1/16　印张 13.5　字数 169 千
版　　次　2012 年 5 月第 1 版
　　　　　2012 年 5 月第 1 次印刷
书　　号　ISBN 978-7-5672-0024-1
定　　价　28.00 元

总序

青年亚文化作为一种普遍而又独特的文化现象，是人类社会文化结构中必然的不可或缺的组成部分。相对于主流文化，青年一代的文化以其青春性、多变性和挑战性的特性有别于位居社会主体的成人文化；而相对于基本认同主流价值的青年文化，青年亚文化则具有非主流、边缘性的“亚”文化或“次”文化特征。事实上，青年亚文化是一种世界性的青春文化现象，就其实质而言，它所反映的是成人世界与青春世界、父辈一代与子一代之间那种永恒的矛盾和张力关系。尽管在不同的时空语境下，这对关系往往以不同的方式表现出来，譬如反抗、冲突、偏离、协商、另类，等等，但是，它所呈现的那种青春期的迷惘、矛盾、寻觅冲动以及身份认同的困扰始终是青年亚文化的历史宿命，无论社会的意识形态如何统一和强大，这类青年亚文化或多或少总会以某些方式表现出来。

在中国现代文化史上，诸如“五四”青年文化运动、“一二·九”风暴，甚至红卫兵运动，都在一定程度和某个侧面显现了那个时代的青年亚文化症候。但就整体而言，一直到 20 世纪 80 年代之前，现代中国的青年文化更多的还是以认同和追随主流文化、成人文化的方式出现，那种典型的具有世界普遍性的青年亚文化现象并不突出。但是，伴随着改革开放和中国与世界文化的接轨，在短短 30 年的时间里，中国青年亚文化发生了巨大变化，时至今日，已经成了当代中国青年文化的重要组成部分。

如果说,20 世纪 80 年代初的青年亚文化从备受压制到浮出地表,在传统的媒介语境中以各种个性化的另类形象出现和发展,并得到社会的理解和宽容,主要是得益于经济体制转轨和思想解放运动,那么,进入 21 世纪的今天,青年亚文化的发展则在很大程度上有赖于以互联网为标志的信息技术革命,是突飞猛进的科学技术对青年日常生活的渗透和全球化的必然结果。如今,80 年代形成的第一波青年亚文化族群/类型已成为追忆中的昔日辉煌,而新媒介支持下的今日青年亚文化才刚刚拉开序幕。但令人震撼的是,新媒介对当今青年亚文化的影响,无论是在力度上还是在广度上都已远远超出了媒介技术的层面,进而关涉到当代中国青年亚文化特质的变异及其走向,故而特别引人瞩目。

一

从文化赖以生存的媒介和技术环境方面看,当下以互联网为核心的新媒介对社会文化生态的全方位渗透,开始明显地推动今日中国的整体文化向着开放、民主和文化多元的方向转变,同时整体文化的存在形态也在向"数字化生存"方向转向。新媒介不仅为传统文化类型的"转型"提供了广阔的空间,而且催生了一系列新的文化类型,其中,青年亚文化是最为突出的景观。当各种各样的"客",例如博客、播客、闪客、换客等轮番上场,当各种"社区""论坛"喧闹于网上,当 IM(即时通信工具)、SNS(社交网络服务)、微博备受青睐,当网上购物成为风潮,当"搜索""自拍""黑客"等所有这些网络技术和文化实践成为青年亚文化习以为常的社会参与及其表达方式时,青年群体正在演绎和展示着的,是一个完全不同于以往的"虚拟现实"。可以这么说,网络媒介为中国当代各种青年亚文化的外来接受,本土生成发展和迅速传播提供了前所未有的开放式、无边界、多媒介的物理空间和相对平等、自由、开放的精神空间。如今,新媒介已经成了中国青年亚文化生长的肥沃良田和迅猛扩张的异度空间,成为新型青年亚文化传播的利器和青年一代寻找志同道合者、建构文化族群和部落的文化场域。

网络媒介的全面立体覆盖、低廉成本及使用的便捷,使中国大量青年群体的日常行为和生活方式与网络媒介牢固地绑定在一起,网络成为了他们的"良师益友"和"亲密伙伴",有的甚至发展到须臾不能离开。一项由美国互联网公司 IAC(Inter Active Corp)和智威汤逊(J. Walter Thompson)广告公司合作,用双语进行的调查研究发现,与美国青年相比较,中国青年更依赖于数字技术,有 80%的中国青年认为数字技术是自己生活的必要组成部分,其中 42%的人觉得自己"上网成瘾",而美国青年中持这种想法的则分别为 68%和 18%。与此同时,该调查还发现,网络在中国青年人的社会生活和情感世界中扮演着极为重要的角色。77%的受访者说,他们通过网络交友;54%的人表示他们曾经通过网络即时信息进行约会;63%的人认为,两个人即使永不见面,也可能在网络上建立起真实的关系。而在美国青年人中,相信网络情感真实性的只占 21%。这一新的媒介语境及生存方式,的确为社会转型时代的中国青年亚文化的创建和发展提供了一个全新的生存空间和表现舞台,中国青年亚文化在经历了"文革"时期的"地下活动"和改革之初的"地表活动"之后,终于被媒介技术的推手带入了"无限活动"的新阶段。当下,青年亚文化作为被互联网率先激活的文化类型,已借助新媒介全方位启动了自身的文化建设,并且情不自禁地成为文化与技术深度联姻的实验产品。

而从青年亚文化自身的交流系统来看,一方面,新媒介正在历史性地改写着青年亚文化与主流文化之间的关系;另一方面,新媒介对青年亚文化构成要素的技术重组和创建，催生了新型的表达方式。

以伯明翰学派为代表的传统青年亚文化理论基本上是先验地预设了青年亚文化对主流文化的抵抗性和依存性的双重特性。譬如，科恩对伦敦东区工人阶级子弟的研究揭示，青年亚文化对工人阶级母体文化表现出表面的拒绝或反抗，却又有内在的依存和继承。威利斯对嬉皮士青年亚文化的研究表明，青年亚文化与中产阶级文化之间始终存在一种“结构性对立关系”。克拉克依据对特迪文化的深入研究也发现，“亚文化作为一种非官方的文化形式，拼贴所产生的亚文化风格的意义就必然处于和统治阶级意识形态相对立的地位”。诸如此类的“抵抗”观和“依存”观诞生于前互联网时代，研究的是现实世界中的青年亚文化实践活动，而以此观点来观照和解读新媒介时代的青年亚文化，难免捉襟见肘，力不从心。新媒介时代的青年亚文化，往往更长于表征似乎完全属于自我化或虚拟化的感性世界，而不是公然地“抵抗”现实间存在的文化形态，更不愿意与父辈或权威文化发生正面的“冲突”；它们不仅抹去了横亘在主流和非主流之间的森严界限，隔断了主体与现实之间的人文关注，而且有时候还经常颠倒真实与虚拟的逻辑关系，将真实虚拟化、虚拟真实化。

我们必须意识到的是，出生并成长于网络时代的青少年群体，天生就与网络、手机等新媒介结缘，他们通过新媒介接受的信息和文化远远多于传统主流渠道，如大众传播媒介、学校教育、父辈传承。传统主流渠道对他们精神成长的影响或许将日趋式微。与此同时，他们通过琳琅满目的新技术和新媒介产品，如 iPad、智能手机、微博、社交网络、视频分享网站、在线游戏等，畅通地传递着自己创造的文化，在信息传播、交友、玩耍和自我表达的世界中追求自治与认同。于是，青年亚文化的实践活动最终成为一种自我宣泄、自我表现、自我满足的技术方式和文化意义，网络媒介的开放性、无中心性消解了现实世界中权威、主流、父辈等对青年加以掌控的可能性，或者说，网络媒介为青年亚文化的生成、发展提供了最为自由、宽松的逃避主流文化压抑的“庇护所”。

在青年亚文化构成要素的技术重组和创建方面，网络媒介以“数据”“图像”“多媒介视频”的技术特质为基础，创建了一个互动、复制、仿真和拟像的世界，一个全然不同于以往的世界。正如鲍德里亚所言，在模型、符码、符号建构的类像世界里，模型和真实之间的差别被销蚀，形象与真实之间的界限被内爆，人们从前对真实的那种体验以及真实的基础也一起宣告消失。新媒介的技术特征正在将众多非自然的、非真实的事项、文化和意义成分引入赛博空间，并且运用超文本或者超媒介的技术，为青年亚文化与外部现实世界的断裂创造出了一种“自然”的表现空间，遮蔽了人与现实真实关系的呈现，促成了青年亚文化表达方式的图像化转型。如此，即使在中国这样一个传统文化与现代、后现代多元文化并存的国度里，人与其创造出来的各种社会文化意蕴之间，也同样不再是传统媒介时代那种明晰的主客关联关系，或文化符号与现实世界的直接对应关系了，而是更多地通过图像符号的表征系统去消解原有的话语体系，用多媒介符号去解构既存的文化类型和文化理念。

在这种社会和技术语境条件下，中国当代青年亚文化便以空前活跃的姿态走上了网络空间的前台，而使传统意义上的青年亚文化类型迅速移位于后台，蜕变成了所谓前新媒介时代的过气文化遗存。如果说，新媒介、新技术果真如麦克卢汉所说的那样“构成了社会机体的集体大手术”，那么，毫无疑问，青年群体是这种大手术的率先操刀者。他们张开双臂，热情扑向新媒介，并借助新媒介、新技术来创造出属于自身的新的文化样式，青年亚文化在以互联网为基础的新媒介的激发下，正在如火如荼地燃烧。

二

以互联网为主体的新媒介对青年亚文化发展的影响力比此前几乎所有的媒介都要广泛、深刻和迅捷得多——这不仅包括影响到青年亚文化的多样性和传播方式，也包括它所提供的亚文化文本的存在形式和功能模式，还有亚文化生存、生长的整个生态环境和文化语境，这些都促成了青年亚文化的盛行。

首先，借助网络媒介的快速成长和迅捷普及，青年亚文化已经从相对封闭的“小众团体”走向开放的“普泛化”的整体青年社会。以计算机网络为代表的数字媒介，从开发之初就预设了兼容和平权的机制，技术的“傻瓜化”强化了“网络世界人人平等”的可操控性，而友好的计算机界面和人性化的网络空间，模糊了现实社会中身份、性别、收入、学历所带来的多重差异，最大限度地吸纳青少年群体的加入，激发了社会不同阶层青年群体参与文化创造的热情，从而让亚文化从传统的另类、小团体模式中突围而出，成为青年群体共同参与、共同分享的文化。与此同时，网络、手机等新媒介的普及以及信息资费的低廉化趋势，冲破了青少年使用新媒介的经济壁垒，更提供了亚文化生产、传播和共享的“普泛化”和“即时性”的媒介工具。

这里所谓由“小众”走向“普泛”，其实质就是使青年亚文化的话语权回归青年本体，尤其是将青年的媒介话语权交还给青年阶层。长期以来，青年是被基于成人价值观和世界观所建构的成人文化话语来强行描述，而不是由青年自己的语言来编码的。比如，芝加哥学派关注的工人阶级青年亚文化，伯明翰学派聚焦的中产阶级青年亚文化，以及对中国 20 世纪 80 年代以来的摇滚和地下纪录片的研究等，这些青年亚文化的研究，尽管也突出了青少年边缘化的问题，但由于研究者基本上是来自于中产阶级的成人学者，因此，他们难免将青少年群体传奇化，并且忽略那些真正意义上的“普通孩子”，从而使青年亚文化生产和传播被不同程度地圈定在某个阶层或者某个文化小圈子之内。同时，由这些成人学者的话语出发，青年亚文化往往被贴上类似这样的流行标签：主流派、非主流派、危险人物，等等。然而，网络技术传播重构的新公共空间却能够向几乎所有的青年群体，甚至向游离于亚文化圈子之外的青年人群开启，从而确立了青年亚文化的普泛化存在和传播。尽管目前网络青年群体基本上还囿于“都市青年”“知识青年”，但也不乏“低知分子”和“打工族”，可以说，网络媒介青年亚文化的普泛化趋势是青年亚文化的一大进步，也是青年群体文化创造力的一次解放。这种由青年群体广泛参与的青年亚文化的意义，还在于它削弱了传统媒介镜像下和主流意识形态话语中关于青年亚文化的“道德恐慌”评价和“妖魔化”的叙述，也溢出了基于意识形态对抗和阶级斗争理论而对青年亚文化的界说和肯定，它们在更大的程度上是通过新媒介技术而自我界定、自我指涉并直接呈现，从而具有更多属于青年亚文化主体的言说权利。而这一事实当然也“逼迫”着青年亚文化主体言说之外的亚文化理论进行调适和修正。

其次，青年群体通过熟谙地使用新的媒介技术为自身赢得了更为广阔和自由的“书写”空间。比如，网络媒介所特有的虚拟性和匿名性，就为青年亚文化提供了表达的自由通路，而自由表达则始终是青年亚文化得以生产和传播的基本前提，它可以使青年据此克服青春期的怯弱、羞涩、拘谨和不成熟忧虑，不忌惮来自成人世界的监视和压抑，充分自由地去表达自我。毫无疑问，是新媒介为青年亚文化插上了自由的翅膀，为亚文化充分地享受自由、表达自由提供了无人可阻挡的强劲动力和安全表达平台。

再次，青年亚文化通过新媒介技术的多媒介、多兼容、多互动的诸种特性，突破了传统亚文化风格的表达惯例，获得了更自如的、多样化的表达方式，从而形成了独特的青年亚文化风格。在新媒介中，那些新的技术呈现和表达方式，比如，媒介由语言文字符号、声音符号和影像符号向综合的数字符号转变，致使文化的表达突破了对单一媒介的依赖，实现了青年亚文化表征符号的"脱胎换骨"。传统意义上亚文化的"符号"，主要体现在青年们的衣着方式、独特的言行风格以及所喜欢的音乐类型等方面。如赫伯迪格笔下的朋克族，"额上的卷发和皮夹克、小羊皮软底男鞋和尖头皮鞋、橡胶底帆布鞋和帕卡雨衣、摩登族的平头和光头仔的步伐、紧身瘦腿和色彩鲜艳的袜子、紧身短夹克和笨重的街斗钉靴，这乱糟糟的一切物体能够既'各就各位'，又显得'不合时宜'，这多亏有了惊世骇俗的黏合剂——安全别针与塑料衣、既令人畏惧又让人着迷的缚皮带与绳索"。而当下的青年亚文化主体却压根并不希冀借助这些出格的外在"行头"来表达亚文化的"风格"和意义，他们更青睐于使用网络媒介所带来的新技术手段和技术装置去表情达意，而将真实的主体形象以匿名的方式掩藏在赛博空间里。除了通过风格化的音乐表达自我外，更多的技术和手段随着网络媒介的发展被不断开发和利用，如 Flash 动画、在线游戏、动态相册、多媒介视频软件以及 MSN、QQ 等在线聊天工具、Twitter 和微博、搜索技术等。掌握这些技术的青年人不再拘泥于某一种表达方式，而是杂糅了文字、图像、影像、声音等多媒介手段，轻松自如地参与到亚文化的生产和传播中。

最后，与上一点密切相关的是，青年亚文化的文化类型也迅疾由单一走向多元，致使基于网络新媒介技术的青年亚文化类型层出不穷、此消彼长。当下，网络媒介上盛行的自拍文化、恶搞文化、迷文化、搜索文化、黑客文化、御宅族文化、游戏文化、同人女文化、Cosplay 文化等，无不寄生于网络，活跃于网络。而掌握了新媒介技术的一代青年人甚至以网络技术为“武器”，在自我与成人世界之间筑起一道自我保护的“高墙”。这种通过技术壁垒逃避和主动隔绝主流意识形态以及成人世界的文化钳制，在虚拟“高墙”之内演绎别样人生的青年文化态势，只有在网络技术时代才得以成为现实。

另外，新媒介的发展也促成了青年亚文化传播方式的根本改变。其中最突出的，是由单向传播转换成多向交互式传播，由滞后性传播转换成即时性传播，除此之外，青年亚文化实践活动和文本内容的便捷上传、下载和在线生成，传播者和受众角色的合成及互为转换，虚拟空间与现实社会的互动聚合，均从物质、时间、空间、技术等多方面突破了原有的社会和技术性藩篱，真正在青年亚文化中间实现了几乎是无障碍的传播。

三

毫无疑问，上述新媒介语境下形成的青年亚文化的存在和传播方式，已经赋予青年亚文化崭新的文化实践意义，其中，最典型的莫过于青年亚文化“抵抗”精神的弱化乃至失落，以及亚文化自身多样化与娱乐化、全球化与消费主义的特质，这些导致青年亚文化步入极具后现代特征的“后亚文化”时代。

一如鲍德里亚、利奥塔、哈维等声称的那样，后现代文化的一个重要特征是资本在全球范围内更深层次的渗透和均质化。这些过程同时也产生了更进一步的文化碎裂、时空经验的改变以及经验、主体性和文化的新形式。换言之，网络媒介的无深度感、暂时性、分裂性和全球化特征，促使在其基础上生成和传播的青年亚文化不再可能抵抗任何单一的政治体系、主流阶级和成年文化，他们甚至不同程度地弱化了这一文化的某些"抵抗"的特质。因此，如果依然在反抗/抵抗的层面上去认识网络媒介下的青年亚文化，便显得圆凿方枘、扞格不通了，因为我们所处的世界早已发生"裂变"，二元对立和某一主流文化始终居高临下的观念也已被多元文化观念所取代。

我们看到，新媒介语境中的青年亚文化特质，在传统的"阶级"和"年龄"之外，其可变因素也呈现出空前的多元性和复杂性，诸如身体、性别、种族、民族、时尚、图像等关键词，不断进入当代青年亚文化的内核和意义场域。也就是说，新媒介催生出的青年亚文化已经不再单单囿于某种风格鲜明而固化的文化类型，相反，许多特征明显不同的青年亚文化类型共时性地陆续呈现，甚至此起彼伏，随着时间的流逝，它们不断出现、繁盛，进而消失，终而复始，生生不息。青年人也不再仅仅将自己执着地归属于某一种亚文化类型，他们经常从一种亚文化类型转向另一种亚文化类型，或者同时属于几种亚文化类型，实际上建立起了法国社会学家米歇尔·马菲索里所说的"新部落"，即社会群体之间的识别不再依赖于阶层、性别和宗教等传统的结构因素，消费方式成为个人创造当代社交以及小规模社会群体的新形式，"新部落没有我们熟悉的组织形式的硬性标准，它更多地是指一种气氛，一种意识状态，并且是通过促进外貌和'形式'的生活方式来完美呈现的"。这种新社交方式鼓励个人以不同的角色、性别、身份自由地参与多个流动的、临时的、分散的而非固定的部落，从而在部落之间动态地、灵活地定位自我。

事实上，不同阶层、教育、社会环境中的青年人总是分属于各种明显不同的群体，他们在观念、价值观和意识形态上都有着极大的差异性、多样性和异质性。恰如有着中国和加拿大双重血统的学者卢克所指出的，在后现代时期成长的青年，"大约要经历 16 到 18 个不同的世界……这就像是在不同文本的海洋里航行一样。每一个文本都试图将你定位、出卖你、定义你”，这样的青年亚文化样本和青年亚文化族群，在网络媒介时代，不仅出现在传统的亚文化音乐生产中，也频繁出现在听觉和视觉技术，譬如电影、影像、电视、数码、广告、流行文化中，所有这些媒介生产及其产品都渗透和塑造了青年亚文化的面貌，从而勾勒出“万花筒”般的青年亚文化面貌，正如默克罗比所评述的那样，“对表层的关注越来越彰显，意义被炫示为一种有意为之的表层现象”。

在这样的情境下，“抵抗”既模糊了着力的对象，也失去了明确的方向，娱乐的特性则得以放大。网络文学由“寓教于乐”转向“自娱娱人”，网络视频聚焦重心由“艺术作品”转向“现场直录”，网络语言由“精致合规”转向“生造逗乐”，网络图像被技术率性 PS，甚至，一切传统、经典、权威、主流的话语、作品和表达都面临随时被颠覆和解构的命运。一代青年对待权威的方式并不是公然抵抗和反对，而是采用拼贴、戏仿、揶揄、反讽的手段对其尽情调侃和讥刺，同时获取自我愉悦和狂欢。恶搞亚文化是最典型的范例，而其他在新媒介平台上活跃的文化类型，也无不充满着这种自娱自乐和无厘头的色彩。尽管这种娱乐化的过程往往不可避免地指向空洞和无意义，但是，我们必须看到，其对所谓主流、经典、权威的解构，依然凸显出文化心理的意义向度，那就是释放激情、缓解焦虑、宣泄不满、寻找自我以及个体和群体身份的认同。也因此，或可以说，新媒介语境下的亚文化在弱化了抵抗色彩和精神的同时，将抵抗的意义稀释于娱乐化的表达之中。

新媒介语境下的青年亚文化除了具有弱化抵抗、多元发展自身文化和偏重娱乐化的特质外，还显现出向全球化与消费主义妥协的趋向。贝斯利认为，处在晚期资本主义之后的后工业化社会中，有两大特征影响青年亚文化的生长和传播，“一是被跨国公司而不是被单一国家影响和主导的消费社会，另一个是被信息技术、媒介和服务行业而不是被旧制造业赋予特征的全球化社会”。众多跨国组织，包括微软、苹果、可口可乐、时代华纳等跨国企业，世界银行、联合国等国际政府组织以及绿色和平等非政府组织（NGOs）都在带动全球化进程，使诸如全球市场、商品化、消费、互联网、国际时装等日渐互相关联，甚至可能转向全球通用。与此同时，多元文化之间的差别和冲突在全球化进程中非但没有被抹平，相反，其因为交流的便利而变得愈益突出。然而，明显悖论的是，被企业控制的新媒介技术同时为弱势群体和个人提供了成本低廉、方便易得的传播场所，给了他们表达自己声音的极大机会。在网络新媒介世界中，谷歌、百度、MSN，QQ，Twitter，人人网、豆瓣、优酷在全球资本、商业利益和中国经济市场化、开放化的驱动下，为持有一台电脑及上网设备的或拥有一台联网手机的所有青少年人群提供了原创或传播自身文化信息的可能。同时，众多跨国企业还处心积虑地将青年群体视为最完美的消费者，他们从市场缝隙、人口和心理特征、生活方式等全方位地对青少年加以细分，如叛逆者、“80后”、“90后”、网购族、冲浪迷、背包族等，并着眼于这些团体成员的多重文化身份、欲望需求及购买能力，有预谋地、积极地去培养他们特定的消费习惯和价值观念，从而建构起庞大的青少年消费市场。

今天的青少年更多是通过消费和市场层面而不是传统渠道，如家庭、组织、学校来发现他们的身份和价值。其中，最典型的莫过于跨国公司在他们持续不断的广告运动中将消费身份和消费观念以各种炫目的手法植入青少年的认知和价值观中，从而消弭青年人在种族、阶级和性别上的区别，取而代之以时尚的风格、新的性别角色、新的认同、新的文化实践、新的家庭格局和新的社会团体，等等。事实上，今天的青年亚文化通过互联网络等新媒介的确能够更容易地了解外部文化,全球化的趋势也模糊了他们建立在不同国家、阶层、地域乃至性别基础上的青年亚文化特征。如果无视这一变化,我们将很难深入而准确地把握当今青年亚文化的本质。

四

新媒介技术促成的当代青年亚文化的盛行,意味着青年亚文化身份的“与时俱进”。但需要继续追问的是,新媒介语境中的青年亚文化能否真正延伸成为与主流文化交相辉映、互生互长的文化类型?新的青年亚文化能否为全社会的文化整合、文化调节与文化优化提供良性因子,从而有助于社会在追求民主、和谐中健康前行?

在某种意义上,青年亚文化似乎总是作为社会主流文化中的一种不和谐音而为世人感知,作为一种偏离常规的乱象而令世人侧目。新媒介语境下的青年亚文化也是如此,它每每引发社会的“道德恐慌”,它往往印证着“娱乐至死”的担忧,它总是以个人主义的张狂稀释着各种集体性的凝聚力,它还可能在疏离、越轨、颠覆的行为中,破坏规范,陷入意义的虚无……所有这些,昭示着文化的断裂、社会的失序,也呼唤着文化的调整。但是,所有这些如果仅仅将其作为对青年亚文化的指控,那便忽略了一个富有积极意义的观察视角——将青年亚文化置于文化整体构成及其变迁之中加以观察。

一个显而易见的媒介文化图景是,新媒介点对点传播、传受互动乃至传受合一的特性,都可能使同质青年亚文化的呈现强度加大加密,又使不同类型青年亚文化之间的交流、相融、再生更加便利。如此,多样化的青年亚文化不但丰富了新媒介自身的信息内容,也促使传统媒介和主流文化无法忽视网络上众多的亚文化实践及其文化符号和文化意义。事实上，网络虚拟空间中的青年亚文化实践活动正在成为传统媒介跟踪、聚焦、报道的重要内容。青年亚文化已经陆续登堂入室，进入主流媒介视野，引发主流媒介关注。仅以近两年为例，人肉搜索、网络雷词、山寨春晚、贾君鹏事件、犀利哥等亚文化现象，无不是经由传统媒介介入传播后成为影响整个社会的文化事件。同时，这些亚文化事件得以传播，也拓宽了传统主流媒介的传播口径，从而拓展了主流文化关于民主和宽容的理念。

不仅如此，新媒介语境下的青年亚文化实践，可能激发对主流文化的重新审视，丰富其内蕴，甚至促成新的文化整合。年轻人出于对动漫、游戏和卡通的痴迷，自制道具和服装，扮演自己喜爱的人物。这本是一种私下的个体的娱乐活动，随着国家产业结构的调整，文化创意产业被提上议事日程，Cosplay 也因此被整合进动漫产业链中，成为重要的内容之一。可以说，新媒介为青年亚文化新的生存方式提供了可能，它们既在网络世界兴盛并影响主流媒介、主流社会、主流人群乃至主流意识形态，同时，也在与主流媒介和主流文化的协调整合中进入主流，壮大自身。更进一步而言，这实际上涉及未来文化的可能性，即青年亚文化为文化的未来发展提供最初的动力、灵感和实验。现在我们可以说，个人计算机的使用绝对是一种主流的技术文化，但是，许多人恐怕忘了，这一计算机文化却是肇始于乔布斯等人当年充满理想色彩的黑客亚文化实践。

正是在这样的意义上，自 2005 年起，我们高度而密切地关注新媒介语境下产生的一系列青年亚文化现象，并在 2008 年国家社科基金立项的基础上，对此展开全方位的理论和文化实践类型研究。本套丛书所收录的“迷”“恶搞”“黑客”“御宅”“拍客”“网游”及“Cosplay”仅是青年亚文化中最为活跃、影响颇大的几种类型而已，不足以代表所有的青年亚文化，但借此研究我们希望唤起主流社会和大众媒介、传播和文化研究的学者乃至全社会的高度重视，希望大家能抱着平等而非俯视、理解而非误解、尊重而非排斥的态度，与青年成为朋友，真正洞察他们之后，再因势利导，而非先入为主，树敌在先。青年是未来，谁赢得青年，谁就赢得未来。与此同时，我们也渴望这些亚文化实践的主体人群能从我们的研究中有所得益，能透过好玩、消遣、娱乐的表象，认识到自身的文化实践对于自我、群体以及社会的意义和影响，从而保持源源不断的创造性和先锋性，以青年群体特有的方式，积极构建与主流文化的沟通和对话，为我们这个时代的文化创造和转型提供更多元的文化资源，为开放的文化生态贡献力量。

本丛书发起之初即得到苏州大学出版社原总编辑、现任清华大学出版社总编辑吴培华先生的高度重视，他参与了提纲讨论、书名斟酌、初稿审议等多次会议，为尚处于边缘状态的青年亚文化研究提供了良好的平台。丛书得以顺利进行，还得到苏州大学出版社副总编辑沈海牧先生和项目负责人李寿春女士的鼎力支持，他们以编者和读者的双重视野不厌其烦地审读书稿，提出了良多宝贵的修订意见。

本丛书编撰过程中，我们还在研究生和本科生中发起、组织了围绕“新媒介与青年亚文化”的两个系列学术活动，即“亚文化沙龙”和“读书部落”，在《苏州日报》开设每月一版的“塔影对话”。这些活动得到了年轻学子和社会公众的热情回应。他们中的一部分人积极地参与了课题调研和资料收集，协助编撰者做了许多基础工作，并贡献了自身作为这些亚文化实践参与者的体验和认知，帮助我们走近了青年亚文化活动的主体人群，他们的热诚和对本丛书的厚望令人动力倍增。

在我们参加相关的学术会议时，“新媒介与青年亚文化”课题研究和本丛书得到了学界诸多前辈和同仁的支持，首都师范大学陶东风先生和胡疆峰博士、浙江大学吴飞先生、北京师范大学蒋原伦先生、华东师范大学陆扬先生等都给予了无私的鼓励、帮助和指点，使我们获益良多。

希望本丛书的出版能引起学界对媒介与青年亚文化研究的更多关注，使这一领域结出更丰硕的成果。

马中红

于苏州独墅湖畔

目录

2003年8月，我国台湾学者林资敏女士的《抓住怪怪粉丝——视觉行销策略》一书在祖国大陆出版，“粉丝”这个音译的名词从此在汉语中以新的语义另立门户，并很快家丁兴旺起来：玉米、盒饭、凉粉、荔枝、粽子、钢丝、乙醚、鱼丸、年糕、海飞丝……这些熟悉名词的陌生含义，都属于“粉丝”的世界。

迷从何来

图腾崇拜的回声

张杰粉丝造势。来自各地的“星星们”用气球排成“杰”，为他们的“快男”偶像张杰造势。

2007 年 9 月 30 日，杭州市黄龙体育馆，在湖南卫视举办的“快乐男声”选秀比赛中脱颖而出的“快男”们，将在这里举行巡演。体育馆外的台阶铺上了蓝色的布，栏杆上挂满了蓝色气球，3 万只气球。下午 4 时许，从全国各地赶来的众星星，手持蓝色小风车，在一支撑蓝色纸伞、身着蓝色旗袍的 20 人队伍的带领下，有节奏地喊着“西子湖畔，杰星相伴”或“张杰勇敢飞，星星永相随”的口号，环绕体育馆行进。[1] 这是当今娱乐文化中再熟悉不过的一幕，只是它在不同的时刻、不同的场景、不同的对象那里，变幻为不同的方式、不同的符号。在球迷们的疯狂呐喊中，在游戏迷们彻夜的鏖战中，在字幕组对新播美剧不舍昼夜的翻译中，在威锋论坛上“果粉”们对每一种新款苹果手机、每一个新款软件的热烈讨论中……我们看到的是当代文化中的一个突出的景观——迷文化(fans culture)。

从来源看，“fan”在英文中意为某事或某物的热情崇拜者和支持者，fans 是其复数形式，fandom 则表示崇拜和喜爱的状态，有的译者将其翻译为“粉都”。中文里大体与 fan, fans 和 fandom 对应的是“迷”，表示对某人或某一事物产生特殊爱好而沉醉、陶醉；因此，“粉丝”其实应是单个“迷”的集合体，我们称之为“迷群”；迷群的实践形成的文化则是迷文化。

---

〔1〕 郭建光. 粉丝的世界. 中国青年报，2008－01－16.

在万般迷恋、痴迷、迷狂之中，有一个问题却是古老的，那就是人的自我的位置和个体的价值。

当代社会里有着各种各样的“迷”，而在万般迷恋、痴迷、迷狂之中，有一个问题却是古老的，那就是人的自我的位置和个体的价值。当人仰望无边夜空里神秘闪烁的群星，面对浩瀚海面上排空的巨浪，遭遇突如其来的火山、海啸、地震、瘟疫，折服于自然的雄奇瑰伟、鬼斧神工，惊惧于森林里出没的猛兽，深陷于自身的无穷困惑，俯首于战争中获胜的敌手……当这样的时候，人无法不意识到自身的渺小和局限，无时不在寻求超越，努力摆脱微尘般的境地。为自己确立一个崇拜的对象，便可以从对象那里汲取力量，提升自己，凝聚千千万万与自己一样的人。这就是“迷”的原始基因，而它远古的形态便是图腾。

图腾不是汉语本来的词汇。1903 年，西方思想的“盗火者”严复，在翻译英国学者甄克思的《社会通诠》一书时，首次把“totem”一词译成了“图腾”，从此成为中国学术界的通用译名。“totem”本来是美洲印第安语，最早的写法是 ototemam，意为“他的亲族”。1791 年，作为东印度公司的译员和商人，英国人约翰·郎格出版了《印第安旅行记》，他首次提出了“totem”一词。这本书没有让多少人记住朗格对北美风情和印第安土著风俗习惯的着迷，却让图腾文化引起了西方学术界的关注。totem 及以后派生出的 totemism(图腾崇拜)，成为国际间通用的术语。

严复对图腾的解释是“图腾者，蛮夷之徽帜，用以自别其众于余众也”。也就是说，图腾是象征某一群体区别于别的群体的符号标记(logo)。原始社会的人们，相信某种动物或植物是自己的祖先，或者与自己有着血缘的关系，就将这样的动植物作为自己的图腾，加以崇拜，作为统一群体的共同信仰，在他们的身体装饰、日常用具以及死后墓葬等方面，都刻画上同样的图腾标识。

汉民族自称是龙的传人，先民们将龙作为图腾来崇拜。1987 年 12 月，被称为“中华第一龙”的蚌塑龙图案，在河南濮阳市西水坡仰韶文化遗址被发现，它穿越 6000 多年的时间烟云，保持着昂首、弓身、前爪扒、后爪蹬的姿态，正欲腾飞于天空，又似遨游于大海，向我们传递着华夏远古文明的消息。原始社会时期，不同的部落和氏族有着不同的图腾，形态各异、种类繁多的图腾，寄寓着先民们对神力的敬畏、崇拜、恐惧和感念之情。炎黄时代曾有过数十种图腾，随着部落的进化与融合，到尧、舜、禹部落联盟时代只剩下 7 种主要的图腾，而从黄帝到夏禹部落联盟，首领族都沿用传说是伏羲定下的龙图腾，始终未断，足见龙图腾的统一力量和至尊地位。也因此，龙成为华夏祖先创造的圣物，它象征着民族发祥和文化肇始，代表着权力、威严、信仰，令万民瞩目，众心皈依。传说中，炎帝就是神龙之子。

在中华大地上，在久远到还没有文字记载的年代，存在着各种不同的图腾崇拜。

在三星堆遗址出土的文物中，有一株青铜神树，分为三层的树枝上栖息着九只神鸟，这是古蜀人心中的一棵具有图腾和神话色彩的通天神树。传说远古本来有 10 个太阳，他们栖息在神树扶桑上，每日一换。古蜀人相信他们的祖先和太阳神有关，太阳的东起西落又与鸟联系在一起，因此，他们对飞翔在天空中的鸟儿有着特别的崇拜。三星堆遗址出土了大量的鸟形器，一些鸟似乎正欲展翅飞翔，另外一些鸟形器喙部尖长，有如鱼鹰。

在陕西出土的半坡文化遗址中，有大量的鱼纹图案的陶器，先民们以鱼为图腾的观念烙印在日常的生活起居之中。与之相邻的庙底沟文化的彩陶纹饰，则由蛙纹和鸟纹构成了主体图案，鸟或许是庙底沟文化先民的图腾。甘肃、青海的马家窑文化中，鸟纹和蛙纹十分发达，尤其是蛙纹。浙江河姆渡文化遗址中发现有双鸟朝阳象牙雕刻、鸟形象牙雕刻、圆雕木鸟、双头连体鸟纹骨匕、陶塑鱼和蝶形器上雕刻的双鸟太阳纹等。这些变形的鸟有别于写实的形象，显示了先民对图腾符号的创造，其间神秘的色彩，使之超然于现实之上，惟其如此，它才能作为图腾崇拜的标记。

现在我国的很多地方，依然保留着远古图腾崇拜的遗风。在青海省，每年农历十一月下旬，信仰藏传佛教的土家族村民都要进行一种祈福祛病，并祈祷来年风调雨顺的宗教活动。在法师的带领下，七个年轻的小伙子边歌边舞，赤裸的上身画满白虎的花纹，涂满油彩的脖子上缠绕着羊肠子，到每户村民家为其家人祈福消灾。虎图案为可以驱除邪恶并带来好运的象征。在古代，老虎又名於菟，此节日也因此被叫做“於菟节”。

我国古代最特别的一个图腾当属麒麟。麒麟是按国人思维方式复合构思所产生、创造的动物，以鹿类为主，融合了牛、羊、马的特点，主太平和长寿，集善美于一体。今天的山东嘉祥和巨野一带，据传是麒麟的故乡，百姓对麒麟情有独钟，关于麒麟的民俗遗迹比比皆是，纪念麒麟的雕塑碑刻不胜枚举。

在图腾崇拜中，渺小的个体为图腾所代表的力量、神奇所折服；但是，图腾实际上已经脱离了自在之物的存在形态，是人自身创制了图腾，人崇拜图腾也就是崇拜自己创造的符号。因此，作为主体的人与作为客体的对象的分裂及其联系在图腾崇拜中昭然若揭，人对自然的体认、企盼、感激和忧惧，渗透在图腾符号之中，人创造了这些符号，使用着这些符号，同时也被这些符号占据着。当先民们围着自己的图腾载歌载舞，放声歌哭，纵情狂欢的时候，人的情感、意志仿佛与图腾所代表的神意相遇相通，融为一体。

先民对图腾符号的使用，最突出的表现应该是它的组织化功能的发挥。遥想远古时代，炎黄二帝在涿鹿之野大战蚩尤的时候，漫天风沙中翻飞着龙图腾与昆虫（蚩是爬虫）图腾的旗帜，两军将士在自己的图腾的指引下，杀向敌阵，最终是“龙”战胜了“虫”。图腾就是原始人族群的标记，是社会组织的标志和象征。

部落和族群借助自己的图腾进行身份的认同，从内部的血缘关系到对外的联络与对抗，图腾的符号如同巨大的磁铁，吸附并凝聚起不同的个体，弱小的个体消融其间，形成强大的力量，应对自然的凶险，抵御外敌的侵犯。

当图腾符号内化到一个族群共同体内的每一个人的日常生活、思想、精神和情感世界之中的时候，图腾便成为一种文化的晶体，在千万年筑就的时间的黑暗隧道里，隐隐闪烁着先民的心灵之光。或许，我们再也无法确切地了解远古的图腾所谕示的文化版图，所象征的内心世界，但是经由考古发现，这些人类记忆中的叙事母体，还是不断地引逗出人们无尽的猜测和悬想；它作为人类原始的文化基因，悄然作用于漫长的历史进程和文化演进。

就我们要谈论的迷文化而言，其在社会组织、心理倾向、符号创制等方面，均与图腾文化有着不同程度的同构性。今天，当我们看到明星的面孔印在崇拜者的 T 恤衫上、刻画在粉丝的身体上的时候，当我们看到同一对象的迷群，在网络社区或网站，用他们专有的符号方式传递信息、展开交流的时候，当我们目睹贝克汉姆的头像贴满曼联球迷俱乐部的时候，我们依稀听到了图腾崇拜的古老回音。对生活在工业化社会中的人来说，图腾信仰是陌生的，但是在某些相对较小的特定的情景下，类似图腾崇拜的象征行为并不少见，[1] 在各种迷群

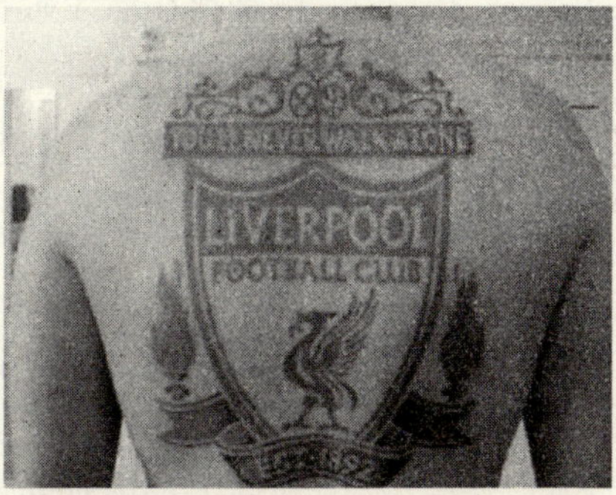

利物浦球队球迷的纹身。一个球迷将利物浦队的标记纹在自己的背上，表达对利物浦队的崇拜和忠诚。

〔1〕 安东尼·吉登斯. 社会学(第四版)[M]. 赵旭东等，译. 北京：北京大学出版社，2003：678.

的文化实践中，我们就能够看到这样的崇拜。

宗教衰落之后

图腾崇拜是远古时代的宗教崇拜，而迷群对所迷对象的崇拜，就其符号的层面来说，也带有浓厚的宗教崇拜的色彩。

“你是多么光明灿烂的宫殿！……在我羁旅尘世之时，我向你叹息，我乞求你的创造者也占有我，使我托居在你屋中，因为我也是你创造的。……我飘零着如迷途的羔羊，但我希望能背在我的牧羊人、你的创造者的肩头，带回到你的宇下。”这是奥古斯丁对神表达的崇敬、景仰、敬畏与谦卑之情。正如社会学家吉登斯所指出的，所有的宗教都包含了一套能够激发崇敬感和敬畏感的象征符号，并与信奉者团体实施的仪式或庆典（譬如教堂礼拜）联系在一起。在宗教信仰中，无论神是否存在，事实上总是存在激发敬畏感和惊奇感的人或物，崇敬和敬畏之情贯穿着信徒的精神活动和物质实践，信徒们在符号化的仪式中，找到精神的寄托，摆脱生活的困扰，抚慰心灵的焦虑，现实的矛盾冲突在神灵的救助中得以象征性的化解。

当我们将眼光从宗教转向当代的迷文化时，我们可以看到，迷文化与宗教之间具有某种类似性。

崇拜一个人以至于把他视为神，这样的事情自古有之。晚唐诗人们崇拜贾岛蔚然成风，其中有一个叫李洞的，酷爱贾岛，刻了贾岛的铜像，随身携带，经常持数珠念贾岛佛，只要见到有喜欢贾岛诗的人，李洞必亲手抄录贾岛的诗赠送给他，并再三叮咛：“此无异佛经，归焚香拜之。”还有一个叫孙晟的，画下贾岛的像，贴在墙壁上，早晚都供奉礼拜。如果说这种沉溺于偶像崇拜达到如礼佛敬神的程度，在古人那里是一种例外的话，那么在现代迷群的情感体验和文化实践中，我们可以随处看到如此宗教信徒般的狂热，迷群将他们所崇拜和迷恋的对象视为神圣，顶礼膜拜，在情感乃至行动上甘愿奉献和牺牲。2010 年，英国广播 2 台在节目中举行慈善拍卖，向听众拍卖“与戴蒙德见面并共进晚餐”的机会，尼尔·戴蒙德是美国老牌传奇歌星，令人难以置信的是，英国兰开夏郡普雷斯顿市的 61 岁出租车司机凯文·菲茨帕特里克毫不犹豫地参与了竞拍，最后以 27 000 英镑的最高竞拍价一举赢得了这一竞标，而这是他和妻子朱丽一生的积蓄。如此不计后果的奉献，表达的是粉丝对偶像的忠诚与痴迷，原来凯文和朱丽是戴蒙德的铁杆粉丝，当年正是对戴蒙德的共同喜爱让他们走到了一起，因为朱丽在得知凯文也是戴蒙德的粉丝后，才同意和他出去约会，所以戴蒙德堪称是他俩的“媒人”。后来他们在婚礼上播放的是戴蒙德的歌曲，他们在戴蒙德的歌曲中跳舞，每当举行野餐和家庭聚会时，也会播放他的歌曲，生活中没有一天会缺少他的歌声，戴蒙德成了他们生活的一部分。

现代迷的崇拜和迷恋亦如宗教一样，借所迷的对象，将自己从无力而孤独中解救出来，获得情感的慰藉和生存的意义。

借所迷的对象，将自己从无力而孤独中解救出来，获得情感的慰藉和生存的意义。

美剧《老友记》的一位粉丝回忆说：

> 当时我成日泡在那里，Download 最新的壁纸，一集一集看台词，下音频的 MP3，好像那六个人就是我生活的一部分，好像推开门，Rachel 和 Chandler 就坐在对面的楼梯上偷吃那个送错了的芝士蛋糕。
>
> 一年后，Friends 完结，我在电视前看最后一季的时候，差点有潸然泪下的感觉，就好像朋友即将远行，而这未来我却看不到任何线索。[1]

[1] 一个入门美剧迷的前世今生. http://www.tianya.cn/publicforum/content/funinfo/1/1341266.shtml.

一位日本动漫《火影忍者》的粉丝写道：

> 我要成为超越所有前人的火影！也许这句话会大言不惭，也许只是故弄玄虚！但一个人能坚定地说出，而且一直不曾改变，不曾放弃过！——你还觉得这只是一句无聊的言语么？我们都有梦，但我们最后大多都放弃了曾经的坚持。
>
> 水门说过这句话，鸣人说过，后来木叶丸也说过！这是一个梦，令无数人为之倾倒的梦！在指引着我们不断前行，至死不渝！这是要证明自己的存在，也是活着的意义！[1]

归属感、依赖感和认同感是宗教信徒信奉特定宗教时的心理特征，而现代的迷们在见面会、庆生会、发布会、比赛以及演唱会等活动中，也表现出这样的心理特征来。2007 年，“快男”巡演到上海一站时，500 位张杰的粉丝同时喊“上海，张杰回来了”和“张杰，上海，王者归来”，一时间，喊声响彻云霄。舞台上的张杰动情地喊出“上海，我回来了”，接着就唱《往事随风》，台下的星星群情激昂。[2]在这些活动中，迷们看到了许许多多与自己一样迷恋着同一对象的人，在为自己的偶像欢呼鼓舞加油，体验到万众一心的力量感。

尽管如上所述，我们显然还是无法将现代迷文化置于宗教文化的语境之中，恰恰相反，现代迷文化与宗教情感的某种类似性，在一定程度上说明了宗教的衰落和信仰的危机，意味着传统世界的精神统一性的溃散。当人们对上帝的信仰逐渐淡化时，

---

〔1〕 喜欢火影忍者十二大经典理由.http://tieba.baidu.com/p/1175104610.

〔2〕 郭建光.粉丝的世界.中国青年报，2008－01－16.

社会需要娱乐来分散人们对结构不平等和生存无意义等痛苦事实的注意力。不仅如此，商业品牌营销也利用宗教的形式唤起迷群的拜物之情。一个典型的例子是，“Hail Mary, full of grace!”本是天主教祈祷词，而现在它被运用在了奢侈品牌上：“Hail Hermes, Full of Chanel!”这意味着“像宗教一样”成为奢侈品牌的生存法则，品牌战略咨询专家卢西恩·詹姆斯(Lucian James)也提出“要把它(奢侈品品牌)当成一种宗教”，意欲让消费者愿意花更多的钱来消费并争相成为荣耀的会员。正如西莉亚·卢瑞(Celia Lury)在其《消费文化》中所指出的那样，现代社会已经用生产出的产品代替了物种或自然物体，换句话说，被生产的物体是现代社会中的图腾，而消费群体就相当于传统社会中的部落。

“果粉”的热情。2011 年 11 月 11 日，8G 版 iPhone 4 开售，果粉们天没亮就在陆家嘴苹果店门前排起长队。

在这个意义上，现代迷文化是在信仰缺失的情境中对信仰力量的吁求，它以对偶像的制造代替了对神灵的敬畏，以青年亚文化群体的部落式存在代替了由信念系统统一支配的传统社会存在。正如麦特·希尔斯(Matt Hills)指出的，迷与虔诚的宗教信仰者相比较，并没有什么本质上的病态化问题，因为两者投入其中的根基来由十分地相似；迷既像也不像宗教，它乃存在于“狂热”与“文化”之间。[1]

〔1〕 Matt Hills. 迷文化. 朱华瑄译，台北：台湾韦伯文化出版社，2005：195—197.

迷文化之谜

作为人对事物崇拜、喜爱、沉迷的状态，迷可谓由来已久，但是，作为一种亚文化的存在，迷群的文化实践则与当代文化整体的状况息息相关。迷文化之所以引起学界的关注，引发人们的思考，根本原因就在于对迷文化的观察、剖析和阐释，为我们透视身处的文化情境打开了一扇看得见迷离风光的窗口。

迷文化的世界是一个千差万别的世界。在最广泛的意义上，每个人一生中都会或多或少地作为迷群的一员，喜欢特定的对象，我们迷上过一部电影、一篇小说、一个作家、一种戏剧、一件物品……但显然不是每一个有这样经验的人都会被称作"迷"，也不是这样广泛意义上的迷恋与热爱建构了我们所谓的"迷文化"。迷以及由无数迷的个体构成的迷群，由迷群的文化实践创造的迷文化，有其特定的涵义。

迷的对象各有不同，大体可以分为如下几类：一类是对偶像人物的崇拜，即对虚拟或者现实存在的明星、名流、杰出人物极其崇拜，强烈认同，引以为自我实现的楷模；二是对流行或时尚之物的迷恋与爱好，譬如有人对特定品牌的每一种新款都了如指掌、悉数珍藏，有人紧盯流行音乐或最新影视作品，凡有新作必先睹为快；三是与上一种情况相对，对特定事物的持久迷恋，如梅兰芳的戏迷；四是对特定类型的媒介文本的爱好，包括认同其内容、欣赏其风格，如对悬疑小说、肥皂剧、武打电影、网络游戏、动漫故事等的痴迷等。这样的分类只是概而言之，迷的主体所迷之物实际上是难以穷尽的。或者可以说，任何人和事物只要机缘巧合，都有可能成为迷的对象。还需要提及的是，迷文化包含了多种亚文化类型，如《越狱》产生了"越狱"迷，还衍生出网上流传甚广的"南方公园"的"越狱"人物漫画，这就与动漫迷等发生了关联；又如，动漫迷与御宅族、同人女、Cosplay 这些亚文化形态也有着千丝万缕的联系。

与通常人们对某个事物的喜爱相比，迷在喜爱的程度上更为强烈，可谓陷入沉迷，在局外人看来不可思议、难以置信，另外也确实有不少像杨丽娟那样极端的迷，其行为方式令人瞠目。上世纪 60 年代的美国，披头士乐队被无数粉丝疯狂追捧，美国《生活》周刊报道指出，毫无防备的披头士成员胆敢走到大街上，就要冒着被自己的粉丝扯碎或踩死的极大危险。一个网名叫“爱球宝宝”的球迷，在球迷论坛上发帖数惊人，短短两年间发了将近 11 万条信息；一个叫大熊的美剧《越狱》迷，将 MSN 头像改成了迈克尔·斯科菲尔德的头像，将手机铃声换成了《越狱》的主题曲，将电脑主页也设成了越狱中文网论坛。像这样迷恋一种事物，的确是一般人所难以达到的。从迷的客体来讲，迷与平常的喜爱相比，一个非常明显的不同是，他或她对对象相关的信息和产品也以竭尽充分的占有为荣，“对于着迷的对象，可以说出一大串，就算是细枝末节的资讯，也都能说得头头是道，而对于自己喜爱的对白、歌词、片段更是朗朗上口、引用无碍”[1]。在一本由《老友记》资深粉丝编写的《〈老友记〉FANS 必备宝典》中，有“‘老友迷’必须知道的 114 件事”，还专设了“《老友记》段位测试”，其开头语写道：“‘老友迷’可不是随便什么人都可以自封的，我们为此专门准备了一套一百分的试题。做做看，如果你能拿到六十分你就是真正的老友迷，而分数越高你的段位也就越高。如果你能超过九十分，祝贺你，你就是骨灰级老友迷。”[2]那么，一个人对对象到底迷到什么样的程度，才被称作

同人女：指以动漫、影视、文学中人物、故事为原型和对象的创作者，以年轻女性为主，对男同性恋情爱表现出很强的热情和创作兴趣。

〔1〕 Matt Hills. 迷文化·序言. 朱华暄，译. 台北：台湾韦伯文化出版社，2005.

〔2〕《老友记 FANS 必备宝典》＋老友记剧本. http://ishare.iask.sina.com.cn/f/13176233.html? retcode=0.

“粉丝”或迷呢？其实并没有一个精确的测量标准，而更多的是特定情境下的话语规定。关于这一点，麦特·希尔斯的分析给我们以启发，他指出狂热的迷是由三个层面所构成，这些层面在不同的情况下可能互相矛盾：重复却短暂、短暂却充满情感、充满情感却重复。我们不难看到，现在中文的微博上，一旦对某人关注就成了“粉丝”，这已经大大泛化了“粉丝”(fans)或“迷”的概念。

《老友记》海报。《老友记》是美剧迷们心目中的经典之作，剧照上的这些男女主角深受“老友迷”的喜爱。

迷对对象的过度投入还延伸拓展到相关的行为模式、服饰以及言谈举止。《南都周刊》在对电视剧迷的文化阶层分析中，介绍了一个叫“越狱 250”的网民，因为喜欢美剧《越狱》而组建一支“越狱逃亡团队”，在现实生活中体验真实的“被通缉的感觉”。团队成员共 5 人，除了领头羊“越狱 250”之外，还有四名团员，他们也都是《越狱》的忠实粉丝。“越狱 250”按期在网上发布能找到“逃犯”真实信息的越狱密码，只要能破解它，任何网民都能在现实生活中发现并“抓捕逃犯”，该“逃犯”即退出游戏，直到 30 天后检验有几人能“越狱”成功。至于因为所迷而在穿着上、言语上竭力模仿偶像的情况更是比比皆是：20 世纪 80 年代日本电视连续剧《血疑》在我国受到追捧的结果之一是“杏子衫”一时成为女性青年的流行着装；20 世纪 90 年代初周星驰的《大话西游》风靡高校校园的时候，星迷们纷纷将电影中无厘头的语言方式引入自己日常的生活之中……我们在本书中要探讨的一个重要议题即是，迷群在这样的行为方式中建构的文化与主流文化之间呈现出依附与独立、区隔与粘合的关系。

迷以其对所迷对象的深度情感投入区别于一般的喜爱，但是，若仅据此确立迷的个体存在，就不能解释这样的现象：一个人可以是某一类事物或人的迷，但同时也是其他截然不同的事物或人的迷，也就是迷作为个体身份的不确定性。而且在特定情境下一个人可以是某一类事物或人的迷，而在另一种情境下则是一个非迷，即迷对一个个体来说具有“业余性”。譬如，著名的“两弹一星”元勋邓稼先就是一个京剧迷。这样，我们就可以看出，迷作为个体充满了不确定性，而只有当无数“同迷”的个体迷积聚成迷群的时候，一种共同的身份认同才因为迷而发生，是这个迷群的集体实践创造了迷文化。迷文化主体的身份构成问题，还包括性别、文化水平等方面，在这些方面存在着一些需要进一步探讨的观念，如女性更容易成为粉丝，知识层次低的人更容易迷上媒介文化产品等。对这类问题的探讨，将触及迷文化的身份认同问题的复杂性。

韩国 U-KISS 组合的海报。粉丝们出于对所迷偶像的热爱的行为之一是搜集和收藏海报。

与上述问题相关联的是迷文化的价值取向问题。约翰·费斯克(John Fiske)就指出，迷的行为往往与主流价值体系所诋毁的各种文化形式有所关联，包括流行歌曲、言情小说、漫画以及好莱坞的大众明星(体育明星或许因为其阳刚魅力不在其列)。于是，粉都便与从属阶层的文化品位休戚相关了，尤其是与那些因性别、年龄、阶层和种族的任一组合而被去权化了的人群之品味息息相关。[1]费斯克的这番论述，实际上沿袭了英国文化研究学派关注和研究青年亚文化的学术传统，注意到迷文化与主流价值体系之间的紧张与对抗关系，倾向于将迷群的文化实践与臣属的社会地位联系在一起。在迷文化的实践中，阶级、政治和性别的对抗因素，固然仍然存在，但已经大为淡化，费斯克所列举的文化形式也并非完全与主流价值体系相对立。美国学者苏·布劳尔(Sue Brower)就着眼于中产阶级人士组成的VQT组织，通过对高品位电视节目的观众的分析指出粉丝作为时尚制造者的功能。[2] 我国的美剧迷也是以年轻的高学历人群为主体，他们的职业大都是在校大学生和公司白领。[3] 当然，在迷文化复杂的价值构成中，其亚文化性质依然显著。所谓亚文化，是从一个文化整体里孕育出来，既与母体文化有一致性，又有其特殊性的文化，“是更广泛的文化内种种富于意味而别具一格的协商，它们同身处社会与历史大结构中的某些社会群体所遭际的特殊地位、暧昧状态与具体矛盾相适应”[4]。因此，作为亚文化存在的迷文化，是我们透视整体文化情境的一个窥孔，也是我们体察文化裂变和社会变革的一条渠道。

如何去透视与体察迷文化及其所关联的一切呢？前面我们提到，在今天的迷文化实践中，消费、娱乐、休闲成为文化及亚文化构成中更为显赫和重要的因素，而媒介——尤其是以互联网为代表的新媒介，在此过程中起到了至为关键的作用。美国

---

[1] 约翰·费斯克.粉都的文化经济//陶东风.粉丝文化读本.北京：北京大学出版社，2009:4.

[2] 苏·布劳尔.作为时尚制造者的粉丝//陶东风.粉丝文化读本.北京：北京大学出版社，2009:21—39.

[3] 我为美剧狂——电视剧迷文化阶层分析.南都周刊，2008—06—15.

[4] 约翰·费斯克.关键概念：传播与文化研究辞典.北京：新华出版社，2004:280.

2010 年发布的一项针对青少年媒介使用情况的跟踪调查显示，近 5 年来虽然青少年常规电视收视时间首次每天下降了 25 分钟，但是通过新媒介收看渠道使得整体收视从 3 小时 51 分增加至 4 小时 29 分，其中 24 分为在线观看，16 分钟为 Ipod 观看，15 分钟为手机观看。[1]我国也呈现了类似势头，2011 年 7 月发布的《第 28 次中国互联网发展状况统计报告》显示，我国有4.85亿网民，其中 10 至 29 岁网民占 56.8%。2011 年上半年，我国微博用户数量达 1.95 亿，半年增幅高达 208.9%，在网民中的比例达到 40.2%。网络游戏和网络音乐的用户规模分别为 3.11 亿和 3.82 亿，网络视频用户规模为 3.01 亿。博客和个人空间的用户规模为 3.18 亿，使用率为 65.5%，社交网站用户规模为 2.30 亿。我国手机网民规模为 3.18 亿，在总体网民中的比例为 65.5%。[2] 在“粉丝”的影响下，一首红歌下载量会超过 1000 万次，带来 2000 万元以上的收益。这样看，传统唱片不过就是一张略显昂贵的“海报”了。

可以说，当代中国的迷文化实践就是植根于这样的新媒介环境之中。热情的迷群借助新媒介逐渐扭转了以往在媒介文化传播和生产过程中的被动局面，开始积极参与其中。当美剧《越狱》第二季播出时，网络成了最核心的传播渠道，美国当地播完一集后，12 小时就会出现在中国网友的面前。媒介以及娱乐产业催生出了各种各样的迷群，迷群以自身的消费不仅维系着媒介及娱乐产业的生存和发展，成为一种甚至左右市场、不可忽视的中坚力量，而且也生产出自身的文化产品，在此过程中投射情感、创造意义和寻找认同。可以说，新媒介为迷群的存在提供了大量的养料和广阔的空间，而迷群的文化实践也远远超出了媒

热情的迷群借助新媒介逐渐扭转了以往在媒介文化传播和生产过程中的被动局面，开始积极参与其中。

〔1〕 殷乐.融合媒介环境下的青少年迷文化研究.中国青年研究，2010(10).
〔2〕 第 28 次中国互联网发展状况统计报告.http：//www.cnnic.net.cn/.

介消费的初始形态，不仅反哺新媒介的运作，而且在改变着新媒介文化版图的同时，也在调整着迷文化自身的价值取向，产生出迷群主体的意义，并与文化的诸多方面发生更为广泛的联系。因此，新媒介与迷文化的关系当是一个重要的观察点，本书的探讨即从这里进入，由此抵近迷文化的存在。

今天，迷文化与传播媒介的关系，呈现出前所未有的密切与复杂的状态。可以说，没有传播媒介就没有迷文化；而没有积极、活跃的迷群，传播媒介的市场就会显得苍白冷清。有的学者将fans一词译为“媒介迷”，就是强调了媒介在迷的形成、迷文化生产中的作用。

迷的媒介时空

媒介的驱动

在当代媒介产业和相关产业的激烈竞争中，围绕媒介产品的迷之多少和迷之深浅成为其成败的关键之一，因此调动媒体迷的积极性和参与性、赢得迷的支持是其重要策略。更新换代的明星谱系、耸动听闻的星探八卦、层出不穷的演艺新品，刺激了众多迷的胃口，满足了迷群搜集活动的需要和分享的愿望；而迷群的活动则延伸着、拓展着、丰富着传播媒介的空间，在媒介生产的空白处和边缘地带充实自身的文化产品。

媒介的驱动力作用于粉丝文化发展的各个环节，它让明星偶像接近受众，催生迷文化的主体，又极力对迷文化进行塑造，运用各种媒介功能对迷的客体进行着潜在的规定。媒介作为连接迷文化主客体交流沟通的载体，诸如微博等新媒介产品的走俏，让迷文化的交互性得到了前所未有的增强。媒介如何促成了迷文化的形成与扩散？媒介在这个过程中，其内在的机制是怎样运作的？尤其是，基于互联网的新媒介技术对迷文化的空间建构带来了哪些引人注目的特质？这些问题会将我们带入媒介与迷文化的复杂关系之中，一窥其堂奥。

激活迷文化

就媒介对迷的作用而言，媒介的传播培育了迷产生的土壤，提供了纷繁杂多的迷的客体，促进了迷群的形成和壮大，进而带动了迷文化的兴盛与扩张。

一个粉丝之所以成为特定偶像的粉丝，与他或她的媒介接触行为有关，媒介传播的信息启动了粉丝对偶像的了解、认知，进而投入情感，开始入迷。一位喜欢明星汪东城的粉丝说："先是喜欢他在《终极一班》里的角色，然后看了许多有关他的视频

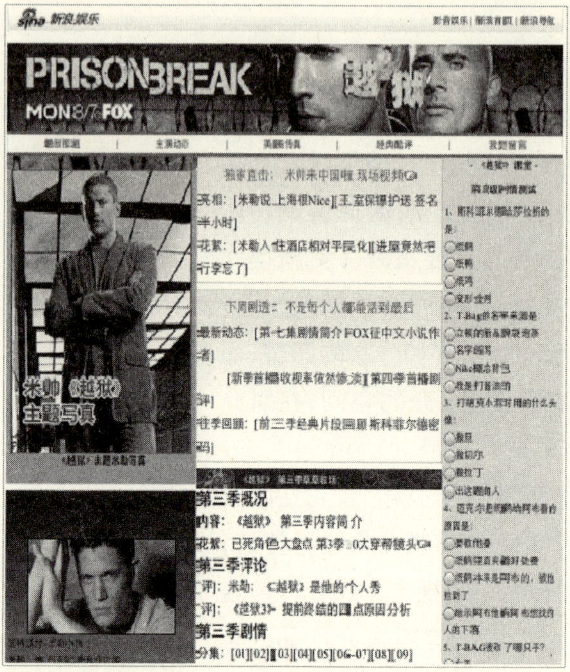

新浪网《越狱》专题页面截图。《越狱》在中国大陆掀起又一轮美剧热风暴,引发了无数粉丝的追捧。

和报纸,最后就真正喜欢上了。"[1]一旦成为粉丝,就越发渴求并依赖于媒介传递的信息。很多粉丝都有这样的体验:关注偶像的一举一动,每场新活动,每一个生活的细节,每则小新闻,哪怕只是出现在镜头内的一秒钟也不放过。

纸媒独步天下的时代,读者凭借文字来揣摩和想象,观其文,思其人,与作者或者作者笔下的人物产生共鸣,乃至同气相求,追思难忘;广播时代,电波将明星偶像的声音传递给听众,听众能够与对象更为感性的一面相遇,更易被其打动,以致入迷;影视影像时代以其直观、立体、活动的方式,塑造出一个又一个偶像,更为直接地征服观众。而今以互联网为基础的新媒介时代,海量的信息、高效的传播手段、多样的传播渠道,越发全方位地展示偶像的形象,讲述偶像的故事,令广大受众随时与之相遇,继而有一部分人不期而然地被其占据,对其产生迷恋之情,成为其忠实的粉丝,进入迷的世界。媒介传递的信息也使明星的形象更加丰满,受众个体开始密切地关注某一对象,并且产生急切地渴求这一对象的所有信息的心理;随后伴随大量信息的摄取,产生强烈的认同情感,甚至视之为一种精神的依赖。

---

[1] http://www.tianya.cn/new/Publicforum/Content.asp?strItem=funinfo&idArticle=1019567.

媒介越来越依赖明星效应，将原本限于娱乐体育的明星制，推广到各个领域，来设置受众关注的焦点，营造吸引受众的亮点，将受众的注意力引向偶像，入迷的“种子”随之播撒。偶像、明星一旦形成人气，聚集为相对稳定的迷群，媒介会自觉地加大投其所好的力度，不断利用多维度、多层次的传播方式将偶像推向迷群，进一步激发出迷群对所迷对象的情感认同和精神依赖。在此过程中，媒介自身的利益与企业、商家的利益息息相关，形成不可阻挡的势头。例如，周杰伦在2010年除了演艺工作外，还有创维酷开LED、美特斯邦威、伊利优酸乳、优乐美等12项广告代言，所有这些都参与着周杰伦媒介形象的构造，使周杰伦的形象不断闪现于媒介空间，周杰伦的身影总能被捕捉到，而这对周杰伦的粉丝们来说，是求之不得的事情。

媒介技术的发展突飞猛进，不断拉近了人与人之间的距离，恰如麦克卢汉提出的“地球村”概念所预示的那样，随着广播、电视、互联网和其他电子媒介的出现，各种现代交通方式的飞速发展，人与人之间的时空距离骤然缩短，整个世界紧缩成一个“村落”。在这个村落里，栖居着一个特别的群体，那就是通常被称为粉丝的各色迷群。无远弗届的媒介覆盖，聚合了散落在各地的粉丝，集聚于媒介构建的空间。

无远弗届的媒介覆盖，聚合了散落在各地的粉丝，集聚于媒介构建的空间。

粉丝一旦个体入迷，对某个对象产生的强烈迷思促使他或她希望寻求到拥有相同情感经历的人，以形成群体的认同。在线下真实生活中相对独立的粉丝，通过搜索引擎即可在网络上找到同道中人，这满足了散粉们抱团追星的愿望。一旦这样的群体在网络上安营扎寨，他们就以电子化的参与方式，开始分享信息、交流情感，逐步形成一种社群意识，在情感与认知上与其他人建立联系。我们看到，百度贴吧、粉丝网等就是为迷群的实践提供的平台。一个想在互联网上获得归属感的李宇春的粉丝，只要进入粉丝网后找到李宇春粉丝团，在其详尽罗列的部落名单中，选择要加入的集群，通过申请即可进入；或者在百度李宇春贴吧中注册成为贴吧成员，也就加入了一个不可触摸却如身在其中的迷群。在加入这些粉丝集群后，他也就从散粉变成了群体中的一员，可以贡献自己所知的信息，更重要的是可以共享集群资源。

2008年的一份报道显示，在内地的两大美剧论坛中，磐灵风软欧美剧论坛的注册人数已高达40多万，而伊甸园论坛的注册人数也超过了30万。美剧迷们在网络上汇聚，组建专门的美剧论坛，动辄数万人参与某剧某集的讨论，哪怕是剧中的一个小细节，或者某句有意思的对白，都是津津乐道的话题。[1] 这表明，基于互联网技术的媒介传播能力大为加强，信息分享、在线互动、相互沟通等功能的集结，促成了迷群线上的集聚，完善了迷群的内在交流平台的建构。这在web2.0时代更为突出，像国外的Facebook、中国的人人网这样的为互联网用户提供服务的SNS(Social Network Site)社交网站，在青少年群体尤其是大学生群体中有着较高的普及率。人人网一度的运营模式是以个人为出发点，以现实生活的各种关系为纽带，实现线上人与人之间的交流互动。在此基础上的公共主页的推出，则强化了提供公共平台的性质，它以一个明星或一个品牌甚至是一个事件为核心聚合迷群。譬如，2009年8月17日，歌手光良入驻公共主页，当天便引发了28万粉丝在线大互动。截至2011年4月19日，人人网上有名人明星、休闲百科、影剧动漫、机构媒体、公司企业、活动赛事、电子商务、连接网站、俱乐部共9类29 523个公共主页，其中以明星偶像的主页最为活跃。除了开辟公共主页，为迷文化集群部落增加新的平台外，人人网还设立了讨论区。这样，粉丝在人人网的公共主页中可以实现获知对

---

[1] 我为美剧狂——电视剧迷文化阶层分析.南都周刊，2008－06－15.

方所有资料、照片、最新活动信息、回复其最新留言和评论、相识有共同兴趣的朋友等多种功能。当原本孤立的粉丝在虚拟空间相遇，形成内部成员数量庞大的集群组织时，迷文化的规模无疑大为拓展，迷群的力量也因此而大为加强。

媒介将偶像推给粉丝，以其海量的媒介文本信息为粉丝们提供了“天然的牧场”，粉丝们扮演着亨利·詹金斯（Henry Jenkins）所谓文本的“盗猎者”和“游牧民”的角色，创造出游离于主流文化之外的迷文化。在这样的过程中，新媒介技术以其对互动性和参与性的鼓励和支持，凸显了迷文化实践的主体身份及其存在力量。互联网、手机等新媒介技术的兴起，社交网站的出现，自媒体的开发，都强化了传播的交互性、主动性和草根性，粉丝在此间可以尽情地表达对明星偶像的情感，并为这样的表达创造迷文化实践的形式，打破了传统的媒介话语权垄断局面，弱化了大众传媒强势输出的作用力。媒介产业为适应和利用这一技术情境，采取新的文本和符号方式、新的运作机制，其作用于迷群的特点之一就在于更多地“赋权”迷群，使其具有了主导性的力量。湖南卫视的《超级女声》就是其中的典型代表。

2005 年 7 月 30 号上午 10 点左右，成都天府广场上涌现了 30 多名“玉米”，他们人手一个玉米棒，高举印有李宇春头像的标语牌和条幅，向过往的路人派发传单，呼吁其中的潜在“玉米”按传单上的投票方式为李宇春投票。除了发传单外，他们还摒弃了矜持和羞涩，拉着路人，软硬兼施要她们当场投票。一位叫“流星”的“玉米”介绍说，这些为李宇春拉票的“玉米”都是在网上结识的，“我们不但要自己投票，还要说服更多的人投票。我知道很多人喜欢李宇春，就是不好意思投票罢了”。为了证明自己所言非虚，“流星”现场游说一位美女投票，见有记者拍照，美女还不太好意思，但在“玉米”们齐声央求下，美女还是掏出了手机发短信投票。[1] 粉丝们为支持偶像可以在贴吧一遍又一遍地顶贴刷屏投票，可以走上街头一个接一个地向人宣传，劝说互不相识的路人为偶像投票，甚至可以花费几千、几万块钱只为能给自己支持的偶像多投上几票。

《超级女声》让李宇春、周笔畅为代表的平民偶像走红，一跃成为国内的一线艺人，其重要的特点在于，打破了惯常的明星制造模式，变媒体主推为“放权于民”。一个普通人走上选秀的舞台，经过层层自我展示最终拥有明星偶像的光环，这一过程中起决定性作用的很大程度上是广大的观众，更确切地讲是广大的粉丝。决定一个选手去留的因素除了专业评委的意见，还有广大粉丝的“意见”，它通过短信投票赛制让粉丝群体为自己的偶像努力争夺尽可能多的人气。这个节目的赛制为粉丝的角色带来改变的契机，即一个普通女孩能否成为明星取决于粉丝的投票。粉丝们第一次被赋予这样一种生杀予夺的权利，他们为偶像而战，也就是为自己而战。[2]

《超级女声》在我国开启的选秀机制，在后来的类似节目中得以延续，并随着新媒介技术的发展而得以丰富。譬如，2011年《快乐女声》比赛采用微博投票机制，与微博全程绑定合作，在前期各大赛区报名阶段，各合作门户微博同时展开“印象女声”的评选，每天根据人气指数推送“印象女声”进入“快女”分唱区的预选赛。粉丝们自觉地担任起“推手”的角色，通过投票、拉票、亲友团等形式全身心地投入到这场活动中，粉丝根据所粉对象的不同而贴上不同的个性化标签，希望借助于自己之力将喜欢的对象转变成为万众瞩目的明星。这样的赛制设置充分调动

---

〔1〕 30“玉米”闹市拉票　爱春春当场短信投票．天府早报，2007－07－31(A16)．

〔2〕 桂杰．“超女”让粉丝一夜走红．中国青年报，2008－12－13．

了粉丝的参与性，唤起了粉丝内心深处强烈的推崇与归属之情。在此过程中，粉丝的话语权也得到了扩大，粉丝“发声”的现象趋于常态化。“追寻一切与爱有关的自由的声音……”“喜欢上了快女——洪辰，快乐女声杭州赛区冠军！”这是快迷们在微博上自由随意、不乏个性的发言。截至 2011 年 6 月 14 日，新浪微博中有关《快乐女声》的微博共有 217 217 条。

当媒体赋权粉丝的时候，粉丝介入了“造星”的过程。没有海量粉丝的投入拉票、投票，大批的选秀明星很难在短期内实现身份的巨大转变。借助于选秀节目的平台，粉丝们可以拥有更多的机会实现自我选择和自我表达，凸显自身的地位与价值，形成强大的粉丝力量，“大到能让一个普通的女孩一夜成名。李宇春走上美国《时代周刊》的封面就是例证”〔1〕。

由此可见，偶像是由媒体制造出来的，同时也是大众自己创造出来的。媒介将个体意识集合成大众需求并制造出偶像，利用自身占有的传播资源和社会公信力，将偶像所传达的价值观反过来投射至大众，利用大众的认同心理、从众心理等，催生出忠实而狂热的迷群。李宇春的成功让我们看到，随着新媒介时代的到来，普通大众有了更多的接触媒介和表达自我的机会，他们有着强烈的自我意识，热情地利用网络、电视、手机等媒介为偶像宣传、拉票，影响着媒介事件，构成了媒介事件的一部分。现代的粉丝群体相较于以前作为明星附属的追星族而言，牢牢掌握着决定偶像去留的权力，已从配角跻身于主角的行列。

媒介将个体意识集合成大众需求并制造出偶像，利用自身占有的传播资源和社会公信力，将偶像所传达的价值观反过来投射至大众，利用大众的认同心理、从众心理等，催生出忠实而狂热的迷群。

酝酿—放大—推进

2010 年“快乐男声”的总冠军歌手李炜，出道第一年就获得中国歌曲排行榜年度最受欢迎新人奖，李炜凭借偶像气质的外

〔1〕 桂杰.“超女”让粉丝一夜走红.中国青年报，2008—12—13.

形、稳定的唱功和多变的舞台风格成为众多少男少女的新晋偶像。李炜从选秀舞台走出，从一名平民转变为一个明星，这一过程生动地诠释了媒介对粉丝的培育、依赖和利用。一名普通的受众成为粉丝，从喜爱到沉迷再到狂热，其内心的发展历程始终伴随着媒介的导引。媒介通过对明星偶像的高强度、高密度的报道与呈现，诱导着迷群对偶像的选择、对偶像意义的解读与建构，直至为偶像付出行动，媒介也因此潜在地规定了迷文化的对象与品质。接下来，我们以媒介对李炜的粉丝“维他命”的形成所起的作用为案例进行分析。

在初期，普通受众在众多偶像中对某个对象刚刚开始有好感而产生触动。为了牢固并且强化这样的感情，媒介往往需要有意地增加其“曝光率”，集中采集、报道相关讯息，使该对象脱颖而出，在受众心目中留下深刻印象，以此提高其“受众到达率”。此时，受众在裹挟了大量信息的舆论攻势下，对偶像发生兴趣，予以关注，并可能产生初始的倾慕之情，并且初步形成对偶像的意义建构。我们看到，在“快男”常规比赛阶段，媒体对作为选手的李玮并没有太多的关注，很少有以李玮为重点的报道。而快男总决赛李玮夺冠后，媒体开始以李炜为重点报道对象，在标题中醒目地点出李炜的名字，报道中也给李玮相当的篇幅，突出作为新星的李炜的特别之处。例如《南方都市报》的《2010 快男总冠军出炉“紧张王子”李炜淡定夺冠》，TOM 娱乐的《快男五强亮相金鹰节　李炜获孙红雷力挺》，红网的《李炜摘得 2010 年快男冠军　宋慧乔助阵玩快闪》等报道，都突出李炜的夺冠事实，并以此为报道的切入点，一方面向受众传达讯息，另一方面借助于“冠军”“紧张王子”等关键词凸显李玮的与众不同。媒介的凸显功能在此十分突出，对所关注的人物的信息不断强化，势必引起受众的兴趣，引导受众关注他的存在，粉丝则在这样的关注中被培育出来，开始锁定吸引自己注意的对象。

第二个阶段，是放大的阶段。前期媒介大量有针对性的报道培养了粉丝对所迷对象的兴趣，伴随着兴趣的深化，情感的因素开始强化起来。媒介在这一阶段往往会在凸显特定对象的基础上进一步放大对象的某些活动与行为，以此来构建对象的象征意义，进而促成迷群的情感投射。在以夺冠为宣传重点集聚人气后，媒体对李炜的报道开始纵深化，并且通过刻意地选择与权衡，在突出他冠军特质的基础上放大并彰显他的个性。这一时期，有关李炜的人物专访较多地出现在媒体上，这些报道虽然依然以快男总冠军为切入点，但更多地是深入探寻李炜的个人魅力。如《东南快报》的报道《李炜：快男冠军没内定　希望尽快出唱片》，突出了李炜“淡定”的气质。拿到总冠军的李炜对未来的规划如同他在比赛场上一样冷静淡定：“冠军只是开始，进入娱乐圈后，人们不会因为你是冠军就对你有宽容，最重要的是你进入娱乐圈后努不努力。我会一步一个脚印，将每一步踏踏实实地走好。”而《快乐8》的《紧张小王子李炜成长记：很红，很李炜》，则突出了李炜的“单纯”和“懂事”。媒体对李炜气质的放大呈现，让粉丝逐步感觉到其内在的吸引力，激发了“维他命”们对他的无限喜爱，进而稳固了对偶像的认同。李炜之于他们已不再仅仅是一个歌手，开始呈现某种精神的认同和情感的归宿：“先森（粉丝称李炜为先森），你教会我了很多很多，是你教会了我自己要坚强，是你教会了我自己要注意形象，是你教会了我自己要爱自己，是你教会了我自己要珍惜，是你教会了我自己要自恋，是你教会了我自己要打扮打扮，是你教会了我自己要唱歌。”“喜欢台上潇洒，台下腼腆的李炜。”[1]这时候，迷的情感因素大为激发，偶像的精神气质得到充分认可，其实也正是迷群解读和建构偶像的意义之时。

---

〔1〕 http://tieba.baidu.com/f? kw=%C0%EE%EC%BF.

经过了放大阶段，偶像的形象既成为一段时间里媒介的目标，也在粉丝心目中扎下根来，接下来媒介传播要做的事情就是持续跟进偶像的最新活动，保持偶像形象的吸引力，同时推动迷群的扩散。2010 年底，李炜的写真集《一见钟情 Mr. Lee——完美潮男李炜首本纸上图文影像美男剧》出版，得到了粉丝的大力追捧，“维他命”的规模也在不断扩大。2011 年，李炜投身湖南卫视旨在彰显艺人的多面性的节目《舞动奇迹》，其受关注的程度进一步提升。截至 2011 年 5 月 30 日，《舞动奇迹》一共进行了 6 场。媒体的报道多围绕该节目展开，凸显李炜的舞蹈才艺，同时也进一步渲染他的内在品质。第一场比赛后，金鹰网的报道《李炜佟丽娅牵手“舞动奇迹” 苏醒邀约孙骁骁遭拒》称李炜的表演“展现出来一个新的自己”。第六场比赛结束后，腾讯娱乐的《李炜〈舞动〉尽显男儿魅力 超毅力感动全场》，全力展现李炜的“毅力”品质，“昨晚节目中承受巨大压力用心舞动的李炜，用超强的毅力和坚强上演了一场真正的‘奇迹’。已在《舞动》舞台上成功蜕变的李炜，不仅唱跳俱佳，善良的心灵、超强的毅力也让李炜成为最优质的实力偶像。面对辛苦的排练，李炜从未抱怨。相信在《舞动奇迹》的舞台上，这样的李炜定将成为最闪耀的‘舞动新星’！”

李炜“舞动奇迹”海报。“维他命”们将李炜参加《舞动奇迹》的海报贴在他们的百度贴吧中，为他加油和祝福。

媒介的报道在粉丝中引起强烈反响，同时也将更多的人吸附进“维他命”的阵营中。李炜新浪微博截至 2011 年 6 月 18 日有粉丝 1 745 354 名，百度李炜贴吧有 123 880 个会员。在李炜百度贴吧中，从比赛开始后，90%的帖子以“爱随舞动，炜耀奇迹”为主题名，围绕李炜在《舞动奇迹》的表现展开热烈讨论，表达对李炜的倾慕、鼓励、赞美和期待。

纯情脑残小柠檬：舞动奇迹好好看，李炜好靓仔啊！

嘟嘟虹虹：舞动奇迹很棒！李炜加油！

静水湖：对于下周舞动奇迹，李炜跟佟丽娅的组合我表示很养眼、很满意。

Sicyl一陈：我喜欢丫丫和李炜这对俊男美女哦！

S_l乐：今晚舞动奇迹超帅、超气氛，有木有？有！爆点有木有？有！惊艳有木有？有！尤其是丫丫和李炜，下周绝对百分百胜！

镜丽judy：刚看完舞动奇迹不久，心情好兴奋、好激动，下一周李炜和佟丽娅，你们要加油哦！支持你们。[1]

我们看到，媒介对李炜的跟进，引领着他的粉丝们由最初的关注到产生好感、甚至迷恋。他们活跃在网络空间里，超越真实的时空限制，营造出欢乐与共、忧愁同担的“共同体”——一个拥有“维他命”命名的迷群部落。

媒介对迷文化的形成所起的作用实际上也让我们看到，媒介关联的娱乐产业的机制对迷与迷群的塑造作用，正如美国学者理查德·布茨(Richard Butsch)所说的，每种娱乐都有对它特殊关爱的群体，并积极地寻求这样的群体。因此在所有年代都

---

〔1〕 http://tieba.baidu.com/f?kw=%C0%EE%EC%BF.

注：为了保留网络语言风格，引文中的表述未做规范化处理。

曾有过的经历便是市场与垂青者的循环运动，以及娱乐样式自身为追逐这些市场所作的改良转型。[1]就我们探讨的对象而言，布茨这里的“娱乐”与媒介相关，而它所寻找的“群体”对应着迷群，“市场与垂青者的循环运动”具体化为媒介与迷群的相互依存和相互激励。

互动与纵深

2011 年 2 月 2 日子夜时分，姚晨的粉丝“菁菁猫”发出微博：“刚在晨吧发了个自己都觉得不可思议的帖。我知道自姚晨离婚事件后我的微博粉丝数就一直在涨，几天增加了至少三十人。我想请所有的关注这件事情的粉丝都去看看这篇帖子，谢谢。”她在晨吧里还献上歌手蔡淳佳的《要幸福啊》这首歌，祝福姚晨。0 点 48 分，姚晨在她的微博上转发了“菁菁猫”的这条微博并评论说：“你也要幸福啊，幸福眷顾好孩子。”这样的故事每天每时每分都可能在粉丝与他的偶像之间发生，粉丝与偶像的互动因为微博这样的新媒介技术而变得如此简单直接。

姚晨微博头像。姚晨在新浪开通微博后，粉丝们聚集在新浪微博上与其紧密互动，为她制作了微博头像。

迷与所迷的关系是主体与客体的关系，具体可区分为迷与人（偶像人物）的关系和迷与物（包括媒介文本在内的物质化产品），前者实质上是一种人与人的关系，就这一层面而言，媒介不仅为迷文化的主客体之间的交流沟通架起了桥梁，而且也塑造了二者关系的形态。前互联网时代，迷与偶像之间的

〔1〕 理查德·布茨．美国受众成长记．王瀚东，译．北京：华夏出版社，2007：19.

直接交流主要借助于面对面的歌友会、见面会等方式，不仅形式单一而且覆盖迷群的范围小，所受限制颇多，迷与偶像之间也缺少及时的、积极的互动。随着互联网时代的到来，新媒介技术的发展，特别是新媒介产品的不断推陈出新，粉丝与其偶像之间的互动得到显著的加强。一方面新媒介扩张了迷文化的覆盖，凭借网络的低准入性、高社区性聚合了迷群，迷文化得以在赛博空间中大展拳脚；另一方面，破除了原先面对面交流的单一方式，迷与偶像之间的交流与互动可以多渠道、多层次地展开，且更加频繁、更加便捷，也更加能够激发迷与偶像双方面的热情。

凭借网络的低准入性、高社区性聚合了迷群，迷文化得以在赛博空间中大展拳脚。

被冠为“微博女王”的演员姚晨，粉丝数在新浪微博排行榜上遥遥领先，截至2011年6月18日，有9 002 665个ID关注她。她的微博大多记录行踪的所见所闻，在拍戏的间歇来张写真照片或者记录当时的事情，得到追捧。微博成为姚晨与粉丝互动的平台，她积极回馈粉丝的热情支持，通过转发、评论、@功能与粉丝进行亲密对话。2011年2月18日0点23分，她又转发并评论了“姚晨粉丝团的微博”，她表示：“做得真好，感谢我亲爱的晨迷们，有你们的爱一路陪伴，我真的好温暖”。显然，偶像对粉丝的这种即时回应，是袒露自己心扉，缓解心中压力，倾诉自己情感的途径，让粉丝看到他们不同于舞台上的一面，让粉丝更多感受到偶像们的内在气质。粉丝的情感也在如此的过程中得到尊重与分享，从而得到进一步强化。新媒介产品的投入使用让明星偶像不再那么遥不可及，他们借助于这样的发言方式去接近、回报粉丝。2011年3月20日凌晨3时35分，姚晨在微博上直接贴出了一份粉丝给她的话：“朝着幸福的方向奔跑歌唱，让温暖的音符洒满心房。就算天再高那又怎样，踮起脚尖就更靠近阳光。看得清自己，才能更好地飞翔。哪怕阴天也无需慌张，至少——天总会亮。”偶像对粉丝情感付出的回应会在粉丝心中形成强大的召唤，粉丝会更加坚定对偶像的爱恋，也愿意更努力地投入到相关的认同实践中。

随着这样互动的加强、加深，粉丝与偶像之间的关系也发生着微妙的变化，过去简单的仰慕与被仰慕的关系会深化成一种“朋友般”的情谊，不仅粉丝更加珍重与偶像的关系，偶像也越发珍惜粉丝对自己的喜爱，主动地与粉丝分享自己的喜怒哀乐，把粉丝看成自己工作、生活的重要知音与伙伴。

演员袁泉也是一个乐于借助网络与粉丝交流互动的艺人，“雨泉恋”告急时，任由各路记者们怎么问，袁泉始终没有正面回应过，但她却会在影迷论坛给粉丝们一个解释：“想来说一声我很好，别担心。外面乱极了，那些奇怪的声音！我想，是来自于变形的心灵。不然怎么会把别人发自内心的微笑臆想成为泣不成声，没来由的话，是谁说的？荒唐。滑稽。”帖子的标题是《一切正常　依然健康》。[1] 一些偶像面对媒体反而有着戒备心理，但面对他们的粉丝，偶像们更乐于以轻松、自我的方式呈现出来，传达自己真实的想法。这源自于粉丝与偶像之间的信任与支持，在粉丝看来，偶像不再只是光鲜靓丽的明星；在偶像看来，粉丝不是疯狂的，而是可信赖、可倾诉、可依靠的朋友。

时间的幻术

让我们想象一下，以夸张前卫的造型、另类反叛的歌声走红世界的 Lady Gaga 如果是在印刷媒介当道的时期，是否还能激起像现在这样的追捧热潮？再让我们想象一下，我们是否还能数清楚，在李宇春、周笔畅之后的短短五年里，又有多少新的偶像唤起了多少新的迷群？媒介技术的发展，媒介产业的扩张，当

---

〔1〕 粉丝江湖追星外传：追星有门道加入须谨慎．精品购物指南，2011—03—10.

其作用于迷群的存在时，迷的对象、实践以及价值认同都显示出流动性的特点，令人仿佛与时间的幻术相遇。

迷的更迭

罗斯福被誉为“广播总统”，肯尼迪被称为“电视总统”，两位均是在美国历史上产生重要影响的总统，而两人被冠头衔的差异源于他们身处不一样的媒介技术发展阶段。从罗斯福到肯尼迪，时光过去了 28 年，在这 28 年中，媒介技术力量也已经从借助于电波、单纯展示声音推进到借助于电视信号直观全面地展示个体。这一过程带动了听觉传播到视觉传播的转变，受众开始注重人物个体的形象在电视画面中的呈现。媒介发展的不同时期，其技术性的限制决定了潜在粉丝群体接触到明星、偶像资源的有限性，也影响了迷文化主体情感的稳定性与持续性。

如果再向前追溯，我们可以看到，那时候的人们迷恋的对象往往会诉诸于某一种载体，如以报纸、杂志为代表的印刷媒介上的连载作品就聚集了大量的粉丝。“鸳鸯蝴蝶派”代表人物张恨水的章回小说家喻户晓，他的《春明外史》在《世界晚报》连载时，曾出现每日下午读者在报馆前排长龙等待买报的场面。连载作品凭借清新动人的文字、跌宕起伏的情节、栩栩如生的人物刻画往往会成为大众消遣的重要途径，作品宛如编织的一个大网，网住受众的心。诉诸于文字表达，在没有便捷通讯工具的年代，粉丝同好的规模较小并且缓慢累计。一部连载作品在最初也许鲜有人问津，只有连载到一定阶段才会真正深入人心，成为众人的心头之好。而迷恋连载作品的粉丝的感情一旦酝酿形成往往会持续相当长的时间，并在持续中变得越发稳定与浓烈，他们以一种较为含蓄的追星方式——追看作品来形成那个时代的迷文化。

随后，电视、电影的兴起加剧了媒介文化的视觉转向，视觉

20 世纪 80 年代的时髦。美国电视连续剧《大西洋底来的人》带来最时髦的两样东西：一个是蛤蟆镜，另一个是喇叭裤。

形象成为媒介传播中的重中之重，图片、直观形象逐渐取代文字成为主要的符号，受众对于视觉形象的要求也在不断提高。电视媒介充分调动了受众的感觉器官，以视听兼备为重要手段，对视觉形象的重视传递到受众那一端，那些经精挑细选后走上电视屏幕的人往往可以凭借出众的形象吸引受众的关注，成为万众瞩目的明星，成为粉丝的偶像。电视对画面的强化也引导粉丝追星时开始注重“装扮”，即有意地模仿偶像的外观呈现，以神似来接近偶像，那时期当红明星的发型、穿着都能引起模仿的狂潮。1983 年，电视剧《上海滩》播出，硬汉气质的周润发与温婉动人的赵雅芝受到追捧，粉丝以黑风衣和白围巾为时尚潮流；到上世纪 90 年代初期，外埠偶像剧大量涌入内地荧屏，青春靓丽的演员吸引了观众眼球，祖国内地随之也涌现出“四大小生”和“四小花旦”等养眼的明星，养眼作为偶像积攒人气的第一步，奠定了粉丝的情感基础。当电视媒介这个强大的造星工具开始大规模、高频率地呈现偶像，追星一词不再为社会所陌生，电视这个万花筒，总能让人找到自己喜欢的对象，粉丝情感的积累也日趋容易与便捷。也许不经意间瞄到了电视上的某位艺人，受众心中的某种情愫就会得到激发。因此我们说，媒介技术在时间性上的特征，当其作用于粉丝群体时，所带来的一个效应便是加剧迷对象的快速更迭。

网络时代的到来进一步打破了传统媒介时期的造星流程，明星的所指也开始泛化起来，一段自拍视频、一段雷人语录、一张恶搞照片都有可能让一个草根走红，一跃成为明星。2010年12月20日，在深圳华南城举办的2010中国网商网货会上，芙蓉姐姐获得"互联网特殊贡献奖"。这个在北大、清华等BBS上大秀"S"线条，发表自我赞美文字的网络争议人物在一片讶然之中越发走红。在遭受网友恶搞、歪曲的同时，芙蓉姐姐也得到了部分粉丝的拥护，他们自发地成为"藕粉"，他们不屑于各种对偶像的质疑，对以勇敢、自信、坚强、超越、创新与快乐为内核的"芙蓉精神"大力支持。在百度"芙蓉姐姐"贴吧中，一位ID是"蕾丝捣乱"的粉丝这样表达对芙蓉姐姐的认同感："以前我非常胆小，不敢做自己，就是看了芙蓉姐姐的人生，听了《芙蓉说》这首歌，我的心里忽然被感动，非常特殊的感动，我决定一定要做自己，不管我是什么样的人，我都想要不停地努力，体会生命的快乐。"

新媒介的开放性扩大了个体自我释放的空间，迷文化的发展更加强调个性、强调自我，多元化的粉丝客体走向也解放了原先相对局限的客体范围，迷的文化实践也更趋丰富，推进了迷文化的包容与开放。网络媒介强大的开放性与交互性降低了偶像制造的门槛，催生了偶像的自我制造，迷文化客体趋于多元，迷文化主体的情感也更易点燃、更容易激发但也更难持续。与此相应的是，明星偶像更迭的速度空前，热点的交替往往带动了迷文化对象的多样和丰富，迷思情感更容易得到酝酿但也更容易被粉丝自身放弃与重构。一个明显的事实是，天仙妹妹、二月丫头等人气已随着时间的推移、新网络热点的出现而大不如从前，甚至几乎被忘却。在媒介高速发展的时代，粉丝所能接触到的明星偶像越来越多也越来越便利，粉丝的选择面广了，选择的不确定性也自然多了。

媒介信息的密集、异变性会不断导致新的热点出现，从而使迷文化色彩的变幻愈益频繁起来。

从整体上来看，媒介信息的密集、异变性会不断导致新的热点出现，从而使迷文化色彩的变幻愈益频繁起来。媒介总是在一波接着一波地打造明星，捧红明星后又借助于明星酝酿形成眼球效应。利益的驱使促使媒介不断重复这样的过程，为了不断迎合受众的口味，与受众保持一种长期地“联系”，并且保持“新鲜感”，媒体在对明星偶像的选择与报道的比重上会不断调整。在一个阶段被无限度曝光在“聚光灯”下的对象也许在下一阶段就鲜有报道，导致“各领风骚三五天”的局面，一波又一波的“过气明星”遁入人们残存的记忆之中。正是在这里，我们可以窥见迷文化风尚的变迁的媒介根源。从歌手周蕙与蔡依林的不同命运中，我们可以进一步看到媒介对迷文化风尚的“生杀予夺”之力。

歌手周蕙 1999 年凭借翻唱王菲的《约定》而一炮走红，但细腻动人的声音并没有让她走得更远，一段时间里她没有发行新专辑，较为沉寂，此时媒体鲜有报道她的踪迹，一度销声匿迹，直接致使她的人气快速下降。2009 年她虽然推出了专辑《周蕙》，但媒体没有着力宣传，蜻蜓点水般的告知没有推动专辑大卖，因而也没有引起任何轰动。这在很大程度上是因为媒体难以在周蕙和她的专辑里找到新鲜时尚而又刺激人心的元素，因而也就难以以此唤醒粉丝。相比之下，蔡依林的命运更具戏剧性。2001 年 8 月 15 日，已开始崭露头角的蔡依林因不满公司的要求决定单方面中止合约，随即双方各执一词闹上法庭，这一事件震动台湾乐坛。此后蔡依林在整整一年时间内几乎息唱，曝光量锐减，之前围绕蔡依林的媒体开始迅速转向，寻找新的报道对象。直到 2003 年 3 月，沉寂许久的她推出转型作品《看我 72 变》专辑，其交融复古的迪斯科、朋克、摇滚的音乐风格得到业界的认可，她独具特色的造型等也迅速吸引眼球，蔡依林开始重回媒体报道的中心，媒体又开始密集地关注她，最终推动她成为华语流行乐坛的天后级人物。现在，她的一举一动、生活的细枝末节都会引起媒体的关注，美甲、减肥瘦身、姐妹情感等只要是关于她的话题都会被媒体追踪报道，所有这些也都意味着一个庞大的迷群在消费偶像。

代际的象征

某一特定的时间段都有特定的偶像符号，每一代人都有属于自己的偶像记忆。大众会因为身处不一样的社会生活环境、借助不同的媒介技术、接收不一样的媒介内容形成不同的迷思，不同时代的人对明星、偶像的解读将会存在很大的不同，形成了代际差异。

20 世纪 70 年代，电影《小花》走红，陈冲、刘晓庆、唐国强三位演员成为一代偶像；80 年代，邓丽君的歌声通过翻录磁带、盗版磁带以及翻唱集锦等在年轻人中迅速流传开来；90 年代，四大天王热潮进入大陆，四位歌手成为家喻户晓的明星，《谢谢你的爱》《一路上有你》《对你爱不完》《今夜你会不会来》点燃大众的追星热情，"追星族"一词基本上出自这个时期；进入新世纪，明星偶像已不计其数，即使凤姐、芙蓉姐姐这样颇具争议的网络人物也有各自的拥趸，而像果粉这样的品牌迷恋者也日益壮大。于是，迷文化主体的面影既光影斑驳又杂然并存。在一个有着三代人的家庭中，每代人也许都有着自己的专属偶像，祖辈们也许依然迷恋样板戏这样具有特殊年代意味的符号，父辈们也许对民歌天后宋祖英等厚爱有加，而子女可能会完全颠覆祖辈、父辈的审美倾向，喜欢李宇春等这样有悖于传统审美情趣的对象，更加推崇偶像个性与榜样的力量。

代际的差异鲜明地显示于迷文化的实践之中。因为所处年代的不同，所接触到娱乐信息的不同，父辈与子女之间对偶像的认同往往有天壤之别。以 Rap 风深得年轻人喜爱的周杰伦，在孩子与父母眼里有着截然不同的印象，年轻人崇拜他，他的歌曲、造型、沉默的个性，甚至其口头禅都成为万千少男少女争相模仿的对象，而父母对此却并不理解，两者形成了鲜明的“挺周”与“倒周”派：

挺周派：

第一次听到周杰伦的歌是在一个商场里，他的歌曲节奏很协调，直抵人心。从此，周杰伦成了我最欣赏的歌手。

我特崇拜周杰伦，他能把很拗口的歌词念得溜溜转，而且一字不差！自从迷恋上周杰伦，我的课文也背得更快了。

倒周派：

女儿的房间全是周杰伦的海报，课桌上、文具盒上都贴上了他的头像，甚至还拿吃早餐的钱去买那些八卦杂志，我真是担心，孩子成天把心思放在这无聊的追星上面，怎么还有心学习啊！

我儿子才三年级，怎么也喜欢上了周杰伦？我问他听不听得懂他唱的什么，他居然很老到地回答我：“要的就是感觉！”儿子的话让我晕了半天，三年级的儿子也学会扮深沉了。

我认真听了周杰伦的歌，多数时候听不清楚他唱的是什么，有些MV也拍得很颓废！

对于父母的质疑，年轻一辈也表示出了不解，有的孩子说：“我喜欢周杰伦的歌有什么错？可是每次一听他的碟，妈妈就要开始唠叨，说我不学好，甚至把我买的周杰伦的碟全部藏起来了！太可笑了，难道学生就不能有自己的偶像？”，还有的孩子说：“我们班上100%的同学都听过周杰伦的歌曲，还有他的电影，我们都抢着在第一时间去看，我强烈建议我爸我妈去看《不能说的秘密》，结果大失所望，他们都说很幼稚！”[1]

代际差异不仅表现为拥有不同的迷思倾向对象，而且也表现为在不同时期形成迷思的同好可能因为入迷时间的不同而会形成不同的认知与判断，形成理解的差异。琼瑶剧《还珠格格》自 1998 年开播以来，湖南卫视、青海卫视等电视台总是利用寒暑假时间重播该剧。最早的一批粉丝对于该剧的态度也逐渐发生着变化，当年还是孩童的粉丝在当时被其曲折有趣的故事情节、演员无厘头的表演方式、轻松搞笑的台词所打动，往往会津津乐道于小燕子的成语新解。当时《还珠格格》引发收视狂潮，韩国三大电视台甚至实行了“华语电视剧封杀令”。但十几年后的今天，少时迷恋还珠的一代人态度开始有所转变，甚至对剧中紫薇、尔康的深情台词进行恶搞，那句“皇上，你还记得当年大明湖畔的夏雨荷吗？”成为恶搞经典语录。但不同于 80 后、90 后的戏谑态度，有一拨粉丝始终坚持对还珠的迷思。网名为“长笛吹破楚天秋”的网友在天涯社区发了名为《可恶的湖南台年年重播〈还珠格格〉，更可恶的是妈妈年年不厌其烦地看！》的帖子，表达了他对母亲不厌其烦看“还珠”的不解，得到了众多网友的回复，有人说：“握爪啊，我老妈也是，而且坚持看了 10 年了，某个比较琼瑶剧情的镜头播放的时候，还跟着里面老泪纵横的。”还有人说：“找到组织了，我妈妈和奶奶也是，只要电视里放《还珠格格》她们就看，我妈妈有时还要我用电脑放给她看，而且每次都是看第一集，还要用我的 MP4 看《还珠格格》。”

80 后和 90 后们对于“还珠”的喜爱随着年龄的增长、新生代偶像的迭出、娱乐业的发展壮大而逐渐散去，但一些中老年收视群对于“还珠”依然保持了多年未变的情愫，他们坚守在电视

〔1〕 孩子为什么喜欢周杰伦．广州日报，2008—08—28(B10)．

机前收看因而构成了最为稳定的“还珠”粉丝群体。迷群之间如此的代际差异，是迷文化的时间幻术的又一种证明。

流行的力量

一位网名叫“烨焱”的粉丝在百度贴吧中指出，大凡“星们”都是某一领域的成功者，这是理想之光，也是催人奋进的动力与智慧。没有星的导引，没有星光灿烂，今夜一定寂寞黑暗。没有追星的潮流，没有追星的下里巴式文化，星星们也只能如广寒宫的嫦娥空守幽怨，追星的过程塑造了一代大众文化的市场与经济。[1] 这样的表达直白地传达出偶像对于粉丝的引导作用。这样的引导显然不是来自历史传统的经典，而是依据现实当下的流行的文化。

在很大程度上，迷群是狂热地介入当下流行文化的族群，迷们在球类、影视、歌舞、流行读物的介入中，将迷恋、仰慕、崇拜发挥到极致。流行文化是一个社会的风向标，不仅为大众生活注入时尚元素，也与迷文化的存在和发展息息相关。流行文化总是能在短时间内风靡、得到社会多数成员的认可，引领大众社会的潮流。当一些文化符号被纳入流行文化时往往能更容易得到社会大众的认可，进而能带动新的偶像符号及商业价值的形成，为迷文化聚集了人气，带动了新的迷思，进而促成了迷文化与流行文化的交合，甚至是重叠。这种贴合主要体现在对象、实践活动的趋同化，即粉丝所粉的对象多数是身处流行文化中心的主体，粉丝认同实践活动形式也在一定程度上呈现出顺应流行文化发展趋势的特点。

迷文化中的客体多数是时下走在流行文化前沿的明星艺人，他们凭借极高的媒体曝光率而成为被拥趸的对象。蔡依林、王力

---

〔1〕 阳光追星族.http://tieba.baidu.com/f? kz=599227708.

宏、周杰伦等明星艺人无不首先发轫于流行文化，因为流行得到大众的认可，因为引领潮流得到大众的追捧。粉丝追随这些从流行文化中凸显的对象，使迷文化逐渐靠拢流行文化。随着媒介技术突飞猛进的发展，粉丝主动性的不断强化与提高，粉丝认同实践的形式多样化的同时也有趋同流行文化的努力，粉丝以融入流行文化的方式表达迷思。在王力宏《盖世英雄》专辑中，《爱　因为在心中》是由部分歌迷会会员(总“斑竹”及各个地区的“斑竹”等)创作的歌曲(包括作词、作曲、录制、演唱等)，是歌迷送给他29岁生日的礼物。歌迷从流行文化中获得偶像，又以贴合流行文化的方式寄情于偶像，突出了流行文化对于迷文化的影响力。

在新媒介情境中，流行文化作用于迷的一个重要的特点是，迷群的活动与媒介文本的流行之间对接的速度越来越快，迷群的组织呈现出核裂变式的扩张。电视连续剧《裸婚时代》播出后引发的迷群活动，向我们生动地展示了这一点。《裸婚时代》改编自畅销小说《裸婚——80后的新结婚时代》，于2011年6月1日在江苏卫视首播，据央视索福瑞CSM39城数据显示，其开播当日的收视率达到0.98%，位列全国电视剧收视之冠，后期的播出也一直位居收视率榜首；《裸婚时代》还在乐视网同步播出，单日点击量突破一千五百万次，领跑所有同期电视剧。[1]

《裸婚时代》播出后，大批“裸迷”聚集于百度贴吧、腾讯群吧、新浪微博、人人网公共主页等网络社交平台。“裸迷”们迅速创建了《裸婚时代》电视剧的公共主页，讨论剧情，分享观感。截至2011年7月9日14时08分，人人网上《裸婚时代》的公共主页已有36 927个好友。百度贴吧也有“裸迷”们创建的“裸婚时代吧”，腾讯网上则有数百个与“裸婚时代”相关的QQ群。“裸

〔1〕《裸婚时代》前日上演大结局　收视率稳居冠军. http://ent.qq.com/a/20110627/000158.htm.

迷”们对女主角童佳倩的扮演者姚笛的追捧更是空前热烈。姚笛的人人公共主页由姚笛粉丝创办并管理，宣言是“人人爱姚笛，我爱童佳倩更爱姚笛”。截至 2011 年 7 月 9 日 13:43 分，姚笛的公共主页已有 108 428 个好友关注。姚笛的粉丝将姚笛发的微博转发到公共主页上，每条更新都有好几百甚至上千条回复。6 月 22 日 11 时 17 分，她留言道：“今天似乎播到离婚了，散伙饭那场戏至今还记忆犹新，那天拍戏喝了好多酒，真的很心痛！拍完还哭了好久！如果爱，千万不要轻言放弃啊！”这条留言在 7 分钟时间里得到的回复多达 1017 条。[1] 除了人人网的公共主页以外，姚笛的新浪微博也成为粉丝关注和讨论的主要区域。姚笛本人的微博粉丝达到 550 652 人，姚笛粉丝为其创办的新浪微博“姚笛裸婚时代女主角”“姚笛粉丝团”“姚笛后援会”等，多达 258 位用户。剧中刘易阳求婚的裸婚告白——“虽然我没车、没房、没钱、没钻戒，但是我有一颗陪你到老的心。等你老了，我依然背着你，等你没牙了，我就嚼碎了再喂给你吃。我一定等你死了以后我再死，要不把你一个人留在世上我做鬼也不放心。童佳倩，我爱你。”也被“裸迷”们疯狂转载，并迅速演化出了“裸婚体”的句式——“虽然我没××、没××、没××、没××，但是我有一颗××××的心”[2]这些“裸迷”们可以说构成了核心观众群，正是在他们的推动下，《裸婚时代》在电视剧领域引领了新婚恋题材的潮流。《裸婚时代》的第一轮播出结束后，“裸迷”的热情依然是有增无减，关于裸婚话题的讨论也是热情高涨，江苏卫视于 7 月 12 日开始第二轮播出。

这种迷群与所迷客体的流行几乎同步的情形充分体现了流行文化在新媒介技术支持下对迷的激发，在规模和速度上都是

---

〔1〕 人人网姚笛的公共主页. http://page.renren.com/600804884/index#nogo.

〔2〕 “裸婚体”造句. http://szb.qzwb.com/dnzb/html/2011-06/24/content_289201.htm.

传统媒介时代所无法想象的，这也意味着迷文化与流行文化紧紧捆绑、相互渗透、相互激发，甚至在特定情形下难分彼此。迷文化自身的价值取向在其间难以辨识和提取，迷群主体文化实践的独立性和自主性也因此而模糊起来。一个显然的事实是，任何一种流行文化形式所激起的迷群活动，总体而言必然是短时间的，迷的身份及其忠诚度和投入度也就易被作为迷的客体的流行文化所持续的时间所框定，尽管迷群中有少数人在一阵风潮过去之后仍然对所迷客体痴迷不已，热情依旧。

任何一种流行文化形式所激起的迷群活动，总体而言必然是短时间的，迷的身份及其忠诚度和投入度也就易被作为迷的客体的流行文化所持续的时间所框定。

空间的重构

媒介技术发展迅速，特别是借助于现代媒介工具，迷文化的主体可以高密度、高强度地宣泄自我情感并传播信息，开展认同实践。粉丝们只要申请一个账号即可进入百度贴吧、论坛、QQ群、豆瓣小组、人人网、开心网上的群组，超越现实的空间、时间的限制，运用数字化的方式，在光电介质上彼此交流，传播文字、图文声像，最终形成具有内在高度一致性和协调性的“组织”，即粉丝群。虚拟空间里粉丝集群的传播方式、活动方式、内在机制等方面的特点重构了迷文化的空间形态。

新的集群部落

2006年“超级女声”总决赛8进6的比赛，选手许飞在经过与韩真真的PK后勉强晋级。赛后，两人的粉丝团在各自的贴吧内大打“口水战”：韩真真的粉丝指责许飞“老是出去黑人家韩真真”，也有人说“许飞是垃圾”的；而许飞的支持者则把矛头对准把偶像推向PK台的评委们。[1] 在面对来自其他部落的“质

---

〔1〕 评委对选手一句点评惹来网上“杀身之祸”. 信息时报. 2006.9.13 .

疑”时，两个粉丝团的成员们为了维护偶像的形象往往在内部形成高度凝聚力一致“排外”，彰显出对偶像坚定的感情。这俨然是古代部落在现代的复活。

部落是由若干血缘相近的宗族、氏族结合而成的集体。粉丝之间以对某个对象类似甚至是相同的情愫为纽带，以不一样的形成载体、迷思对象等要素为区分在虚拟空间形成了类似“部落”的组织，他们依赖于电子化的参与方式，以分享信息、交流情感为目的，建立起社群意识，在情感与认知上与其他人建立联系。这些部落分散在互联网的各地，“部落”之间界限明确，以各自所拥戴对象的不同而自觉地分隔甚至是对立。这种部落的自我独立性为特定集群的内在传播提供了相对封闭的媒介环境，以此满足了粉丝实践的需求，进而较好地协调原本分散的粉丝，提高内部的凝聚力。

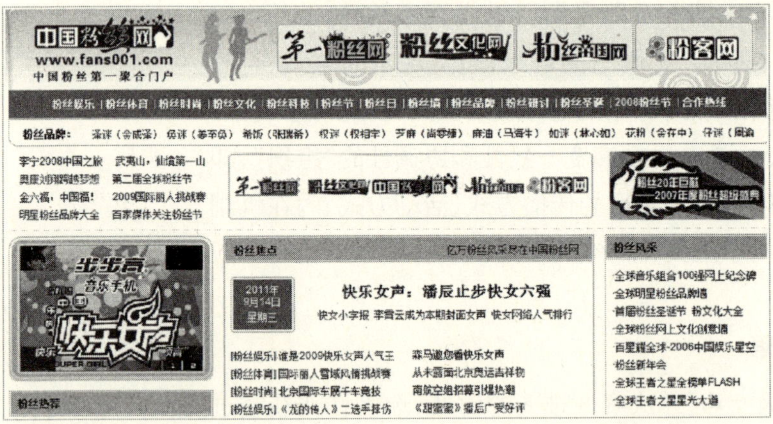

中国粉丝网主页截图。中国粉丝网是网络上中国最大的粉丝集散地，标志着粉丝文化在网络上的极度扩张。

网络的低门槛性为粉丝集群部落提供了便利，粉丝可以自主地在豆瓣上创建小组，在 QQ 上创建组群，在百度上创建贴吧。例如粉丝网是以 web2.0 为基础建立的网上娱乐平台，是一个专门为粉丝提供各种服务的专业娱乐网站。粉丝网上为粉丝提供社区、俱乐部等多种互动式服务，越来越多的粉丝团进驻粉丝网。其中的粉丝团分门别类，有“港台明星”“内地明星”“日韩明星”

“网络红人”“其他”等，共计5651个粉丝团(截至2011年6月20日数据)，这些粉丝团就相当于聚集在某台服务器上大大小小、形形色色的“部落”。一个急于想在互联网上找到归属感的粉丝只要在进入粉丝网后点粉丝团，通过申请即可进入，摇身一变成为部落中人。

部落之间虽“泾渭分明”，但有时彼此之间的争论、冲突不可避免。组群中的粉丝往往为了维护偶像的形象彼此之间引发“口水战”，如同真实部落之间的斗争，就像我们在韩真真与许飞的粉丝团之间的争斗中所看到的那样。这样的迷群新部落，为了更好的协调活动、传导信息，在内部自发地建构内在的组织机构和框架。

部落内部的迷会出现相应的层次，呈现出一定的级别化分布，以入群时间、参与度、拥有偶像信息的水平等条件划分，每个级别对应不同的权限。一般在虚拟空间中初创“部落”的迷凭借先天的“场地优势”成为群体中的“领导”，如贴吧吧主、QQ群主、豆瓣小组长等，这个层次的迷在集群内部具有一定的威信，能有效号召组织成员开展活动；同时这类迷往往拥有获得“内部”消息的机会，如与偶像或经纪公司保持良好的联系，以此成为某种程度上的“意见领袖”。随后加入的“新生力量”一般从较低的级别开始参与社群活动。一般论坛中，每个ID都对应着“头衔、贡献度、发帖量、加入时间”等几项基本信息，迷的贡献度、发帖量累计到一定数量后，头衔也即级别会有所上升，所获权限也会有所扩大。例如，作为官方指定全球唯一最大华人歌迷站，艾薇儿中国歌迷会根据注册会员的发帖量、回帖量将他们细分为7个级别，由低到高分别是：乞丐—新手薇迷—初级薇迷—热血薇迷—剽悍薇迷—铁杆薇迷—骨灰薇迷—给力薇迷，积分从−999 999 999到100 000不等。每个级别对应相应的权限，如乞丐级别仅有访问论坛等少量权限，级别越高能在集群空间进入的区域越多，可以享受的资源也越多。级别的差异化分布构成了迷群空间的一个显著特征，这样的差异化也激发着迷的高参与度、高贡献度。

迷群内在组织化后，原本独立的迷之间点对点的传播也衍化为组织传播，传播机制也开始具有组织传播的鲜明特点。组织内的传播形式主要包括书面媒体、会议、电话、内部公共媒体和计算机通信系统等，而组织外传播则多使用大众媒体和广告等，其主要形式有公关宣传、广告宣传和企业标记系统宣传等。粉丝集群的传播也顺应了组织传播的形式，当有重大决定时，集群内部往往由级别较高的粉丝在空间的公共区域发布信息告知大家。例如 2007 年“快乐男声”选手张杰冲击 4 进 3 晋级赛失败，在当天的百度张杰贴吧中，一些活跃粉丝提议要在接下来的“快男”巡演中帮助张杰夺取“人气王”的称号。提议得到了众多张杰粉丝的积极响应，粉丝们对外以组织——集群的名义统一开展活动，粉丝集群内部开始有组织地动员、行动，且分工明确，从外联、宣传、筹款、策划、投票等各方面调动了各地粉丝的力量。这样有组织、有目的、有序的活动不仅满足了杰迷们自身的迷思表达欲望，也为偶像张杰展开了宣传，最终，粉丝集群高度组织化的运作助力张杰拿到了重庆的“城市之星”。

互动和参与

因为相同的喜好、相似的迷恋而在虚拟空间聚集的迷之间建立起了联系，这样的联系随着彼此互动而增强并愈发稳固。集群内部的迷在线下是一个个相对孤立、隔离的个体，但在线上他们是联系紧密、产生共鸣的同好，ID 与 ID 之间的互动推进了空间传播的多样化与丰富性。集群内部互动行为主要包括交流看法、提供资讯、答疑解惑、共享资源等。线上的互动以言语交流为主，这一层次上的互动累积到一定境界往往会带动线下的真实活动。

同好们表达自己对偶像的各种观点与看法，彼此之间有个初步的认识，在深化偶像意义时寻找到知音。集群内部的迷之间获取信息的可能与能力是不同的，有的凭借自身条件和优势占有、获得的信息相对较多，而通常这类迷也乐于借助于集群部落的平台与其他迷共享，并进行互动交流。迷们之间入迷的程度、对偶像的知晓了解程度因人而异，集群部落中往往会有迷就有关偶像进行各方面的提问，因而会出现彼此激烈讨论的情景，迷之间彼此碰撞，共享资源，在集群开放的共享环境中最大化实现资源的有效利用。

《生活大爆炸》是 2007 年 CBS 推出的情景喜剧，自播出以来在国内就聚集了一群追剧的粉丝，百度的生活大爆炸贴吧截至 2011 年 6 月 18 日有会员数 3759 人，帖子数 190 269 篇。粉丝在贴吧中以发表帖子为主要方式开展活动，他们或彼此交流对剧情的看法：

徜徉之哀：Penny 和 Priya，你会选哪个做女友？

jamesqq112：做女友，又不是娶媳妇，选 Penny。

占卜实习小魔女：我喜欢 Priya，看他们两个对话《驯悍记》那一段好合得来啊！

宝贝鸣人：Priya 吧，合得来，乐趣多，又漂亮。

或彼此提供相关讯息：

宿命黑翼：第四季第 18 集本周停播。

初音小米：感谢提醒。

Ericakwok：原来停了，我还不知道呢！还在傻等，想说为嘛这周资源这么慢，谢谢提醒。

或彼此解疑：

Vividsmart：请问 Penny 带谢耳朵去迪士尼是第几季的第几集啊？

MJoreius：第三季第 20 集。

御手洗脆桃：第 18 集 Howard 说 Sheldon 闻起来像培根，好像原来也出现过这句话，具体是什么意思啊？

Xycben：思考到烧焦了。

Eudora5354：意思是说他思考的时候最诱人，因为不说话。

Jamesqq112：培根是熏肉……应该是说糊了吧。

或共享资源：

Hilary 的耳朵：谁要谢耳朵的经典铃声，要的留邮箱？

此主题共有 1940 篇帖子，众粉丝纷纷贴出自己的邮箱。

迷之间的互动不仅仅限于虚拟空间，还延伸为线上与线下的多元互动，如上文所引用的张杰粉丝的例子，就让我们看到迷之间互动的层次交叠和空间转换。

迷文化空间里的互动行为不仅出现在集群内部，还表现在迷群与所迷对象之间的互动，就像我们在前面看到的姚晨、袁泉的粉丝们与她们进行的互动那样。实际上，这已经作为一种交往方式在迷群中存在着。偶像有意向粉丝透露行程、安排，接机成为粉丝团体的常规活动；还有通过一些媒介工具进行直接的交流，如微博、QQ 群等；邀请粉丝参与生日会等活动进行零距离的接触等，如据《精品购物指南》报道，"静盟"作为徐静蕾的影迷网，已经跟老徐一起走过 10 年，老徐去静盟论坛基本一个多月就上一回。最初影迷跟她撒娇说："老徐，你怎么不理我呀？""老徐，你跟我说句话呗！"老徐就回答说："祖宗们，我理你们！"而老徐也会在论坛中"撒娇"，比如她说："忙得我要命，同志们，快安慰我一下吧(哭脸表情)，还要开会去……"见没人理，又说："没有人安慰我(哭脸表情)，特别凄凉地开会去了……回见。"[1]当下越来越多的偶像越来越愿意也越来越主动地与其粉丝互动，回馈粉丝热情，与粉丝之间维系着紧密的联系，这除了出于商业和媒介利益的目的而采取的营销策略，也不能否认其间涌动的人情冷暖与人们对基于情感与志趣的人际交往的渴求。

新媒体技术促成的迷文化空间，实现了迷文化的意义再建构。依赖于媒介产品、以数字化形式存在的迷群内部具有高度的协调性和一致性，迷的自我意识的不断提高，突破了迷群在形成初期单纯追星的主要目的，促成迷文化意义建构的深化发展，形成了极强的归属感，在此意义下，迷群往往成为迷在虚拟空间中寄托情感的"家"，营造出家庭的亲密感，偶像的引导力与号召力也平添了人情味。李宇春是从选秀节目《超级女声》走出来的全民偶像，玉米们喜欢她的歌，喜欢她帅气的舞蹈，认为她的气场很吸引人，也认为面对那么多的非议，她一直都很淡定，能够坚持自己的梦想。因为对偶像的挚爱他们在网络空间相聚，成立贴吧、论坛、QQ群等，彼此之间建立起了相互信任、相互扶持的紧密关系，互称彼此为"亲"。他们对偶像的解读、对偶像之爱的解读更趋多元与深层化，譬如网络空间的玉米集群衍化出玉米义工这样的新集群，开展关爱儿童福利院、义务植树、义卖义演、关爱动物、无偿献血、环保助学等每周一次的义工活动，将迷

新媒体技术促成的迷文化空间，实现了迷文化的意义再建构。

〔1〕 粉丝江湖追星外传：追星有门道加入须谨慎. 精品购物指南，2011－03－10.

文化实践推广到了一个新的层次。

空间的重构也扩展了迷文化的范围。媒介产品本身具有社会属性，诸如贴吧、微博这样的新媒介本身的社区性质为受众交换信息、传递感情提供了平台。以新浪微博为例，粉丝量排行榜居前10的均是明星艺人，其在推广之初就有意地以粉丝的集聚来推动产品的普及。据《IT经理世界》报道，2009年9月初，新浪博客的编辑告知某位玉米，李宇春将在新浪开"围脖"，并给了她100个邀请码发放给"玉米们"。这位玉米后来在百度贴吧发了一个"送邀请码"的帖子，邀请码瞬间发完，后来新浪又给了她1000个，一天之内也发完了，并且回帖要邀请码的人数已经达到了几千人。[1] 在初步聚集人气后，其传播机制也倚重于迷群的力量，强化"粉丝路径"。用户可自我选择，自我订制，根据自己的爱好兴趣所选的内容会自动聚纳到个人的页面上。粉丝继社区论坛等空间平台后再次在微博上集聚，再次提高了个体之间的凝聚力，而微博也因其信息分享、在线互动、相互沟通等功能的集结而在媒介竞争中独树一帜。

迷希望借助这些媒介在网络空间实现社群化，进而拓展了空间构成，而虚拟空间中多样化的迷群成型后，又进一步吸引更多的同好，如此循环扩大了迷群的覆盖面，又进一步促进了迷文化的传播。某位李宇春的粉丝希望找到能和自己有共同语言的交流对象，而在生活中苦于寻觅不到后，他可能就会在百度贴吧中创建以李宇春为名的主题贴吧，以贴吧为载体吸引大量的同好交流，将这个贴吧打造成李宇春粉丝的必到之处。其他粉丝借助于搜索引擎等发现了这个贴吧就可能会加入，随着这部分粉丝数目的不断扩大，一个较为完整的空间集群就形成了。其成型后再借助于互联网工具会吸引越来越多的粉丝，所覆盖粉

〔1〕"围脖"捆绑"粉丝经济".IT经理世界，2009(277).

丝的范围将不断扩大，在数量上呈几何级数增长的态势。

当然，迷文化空间也少不了商业利益的介入。新媒介产品在作用于迷文化空间集群时，迷群的体系化、规模化也诱导着新媒介产品进行自我优化和顺势调整，以此来提高与迷文化传播的契合度，实现商业利益的介入。粉丝是所有新媒介技术最早的使用者和推广者之一，而这也是新媒介产品"借用"迷文化影响力的一个重要突破口。新媒介产品适时地调整传播机制，有意地引导集群传播，进一步强化网络空间迷群传播的效应，辅以相应的营销手段以提高媒介产品的到达率，服务于迷文化的同时也借助于迷文化空间来取得资源，深化影响力，并获取自身的商业利益。关于这一点，本书后面将有更为详尽的论述。

在迷文化实践中，球迷、游戏迷、歌迷以及粉飞客们几乎为我们重构了现实中引起公众强烈关注的各种文化生活的图景。各不相同的迷群实践包含着一些共同的心理基础，依循着共同的文化生产机制，面对和应对着共同的文化难题。而这些共同之处关联的一个问题即是认同的问题。

我迷故我在

迷失之境

理解迷文化的认同问题，才能走进迷世界的深处，才能理解迷的神话其实是这个社会制造的神话的一个部分。每个人的成长过程中，都会经历自我的迷失与自我的发现。作为一个粉丝，作为迷文化的主体，作为一个特殊的“阅听人”，和一般人的不同之处在于，他或她对一个对象客体的情感投入超出了通常的热爱程度，达到痴迷乃至迷狂的地步，而在时间上则可以持续长达几年甚至是几十年。如此沉迷的文化实践，其所关联的方面也指向了更为复杂的文化符号意指活动。

迷在何处

> 一转眼，六年了。爱春爱了六年，或许我们大家都没有想过到底能爱春多久，但是，时间的车轮就在我们不经意间，悄悄碾过。回望当年你还是一个青涩的女生，按照造型师的要求摆出各式各样帅气、潇洒的造型，一直到现在你的各种萌，各种自己的想法汇聚在一起，你，真的长大了。平时生活中调皮的你，可爱的你，安静的你，种种的你，让我们对你的爱，陷得更深，爱得更远。〔1〕

为什么一个粉丝对他的偶像能够有这么强烈的情感？这种情感力量又可以对迷群产生什么样的影响？

“在后现代的文化中，主体已经被分化成一种越来越欣快但又支离破碎的变数，而非中心化的后现代自我也不再感受到焦

〔1〕 宇图怦怦怦的发帖留言．http：//tieba.baidu.com/f？ kz＝1086120323．

虑，同时也不再拥有深度性、实体性和一致性等。”[1]在道格拉斯·凯尔纳(Douglas Kellner)这样的理论家看来，主体已经呈现出片断的、互不关联的、流动性的特征，而这其中的一个重要原因便是大众媒体往往充斥着一些无指涉、无内容或意义的图像或声音，使得受众迷失在媒体所建构的虚幻的光影世界中。以电视媒体为例，不管是电视剧或是新闻、娱乐节目，很多图像都是一闪而过，图像的不断堆积又毫无指涉意义，使得受众在观看电视时往往呈现出一种断断续续的状态，手中的遥控器不断变换着频道，在光影的变换中追求一种虚幻的视听满足感，但是一旦让他们关上电视，他们却经常回忆不起来所看的具体内容。多种多样的价值观裹挟在各种信息汇聚的大潮中，源源不断地冲击着现代人；在这种意义上，现代人的迷失之地首先是媒介传播构筑的空间。而吊诡的是，媒介传播同时又为现代人辨识自我、弥合自我破碎感提供了无所不在的参照；不仅如此，以互联网为代表的新媒介传播还以其巨量的、无所不包的产品，以其便捷的获取信息和进行互动的技术，为现代人寻找新的自我认同提供了条件。

多种多样的价值观裹挟在各种信息汇聚的大潮中，源源不断地冲击着现代人；在这种意义上，现代人的迷失之地首先是媒介传播构筑的空间。

如果说，在现代社会中，认同问题涉及一个人身份的基本选择，比如家庭、政治倾向、社会阶层等，那么，在后现代社会中，认同问题则更具一种戏剧性和休闲性。在后现代社会中风格和形象已经取代现代的身份认同，以前你需要确认自己是什么民族、属于什么阶级、信仰什么宗教，而现在却变成了你消费了什么东西，你的形象和风格如何。对风格和形象的选择往往会形成某种独特的认同性，在后现代社会中，媒体提供了很多可以建构认同的样本，比如摇滚派歌手，他们往往蓄着长发，不修边幅；在一

---

〔1〕 道格拉斯·凯尔纳.媒体文化——介于现代与后现代之间的文化研究、认同性与政治.北京：商务印书馆，2004：397.

些广告里，描述的高档社交场所里往往充斥着众多奢侈品，以此来隐喻中产阶级的理想生活。2010 年，一个街头乞丐——后来被称为“犀利哥”——意外地红遍整个中国，在网络媒体的大力宣传下，犀利哥以其犀利的造型成功秒杀了甚多网友。犀利哥虽然是一副街头乞丐的造型，但是独具一格的衣服混搭形象却得到很多人的认同，被网友誉为“极品帅哥”“究极华丽第一极品路人帅哥”“乞丐王子”等。

在普遍的迷失感中，一部分人将情感转移到对偶像客体的崇拜，转移到虚幻的游戏，转移到激烈的球赛，转移到美剧、韩剧、日剧的世界，转移到奇妙的动漫，并且深深沉浸之中，在忘却了自我存在的同时又建立了新的自我，形成新的身份。他们就是被称作粉丝的迷群。当一群人喊叫着张杰的名字的时候，他们有了一个共同的称号叫“星星”；当一伙人一起宣称“我们都是美剧迷”时，原本模糊不定的身份得到了哪怕是暂时的明晰。因此，可以说，自我主体身份的碎片化、认同的缺失性是产生迷文化群体的根本原因，而迷群的偶像崇拜或深度迷狂的行为，又恰恰是借助偶像或痴迷的对象来重新寻找自我、建构身份的过程。一个迷上了《三傻大闹宝莱坞》的网友这样叙述自己的内心经历：

自我主体身份的碎片化、认同的缺失性是产生迷文化群体的根本原因。

今天心情抑郁，想找部电影找找乐子，看着标题以为应该是部喜剧……后来我哭了……

电影有青春的痕迹，有人生的年轮，还有时间的穿插，在电影中似乎看到了自己曾经走过的岁月……为人生迷茫，被生活所迫……每当看到他们三个相拥而泣的时候自己总是热泪盈眶，人生太残酷，友谊真美好。

甚至看完后自己的人生观都有了几许变化，想着自己的价值,想着自己的梦想。也许最想拥有的就是过往的点点滴滴,只是在压力下没有了再回首的勇气。我想我会试着释怀,试着解脱,做自己想做的。[1]

《三傻大闹宝莱坞》是一部印度喜剧片,讲述了三个大学男生在反抗全球普遍存在的问题——填鸭式的教学体制时,所结下的牢固的友谊。这部影片不同于其他的情感电影,因为它带给观众的不仅是感动和回忆,更多的是启发和指引,让你在迷茫的时候知道应该以什么样的态度去面对未来。影片的一些情节和对情绪的渲染很显然触动了"楼下的脚步",他在电影中似乎看到了自己曾经的岁月,为人生迷茫,为生活所迫。由于经历的相关性,主人公命运的发展便牵扯着观影者对自己青春时代的回忆。这种心理状态的存在便是因为观影者自身心理的迷失,认为自己的经历和电影中主角的经历十分相似,甚至认为自己就是他们,同他们一起经历喜怒哀乐,从而混淆了幻想与现实的界限。观影时,观众的身份已经发生了变化,叠映在演员的表演之中,观众此时暂时丧失了自我,并将这种自我投射到影星身上,通过假扮明星的角色以及借用影星的成功来完成自我理想的实现。

现实生活中存在的迷失感是诱发大众选择偶像崇拜的关键因素。

网友"楼下的脚步"表达的感受反映了迷群普遍存在的迷失感,即在偶像崇拜的行为过程中迷失自我,沉迷于幻想中,现实生活中存在的迷失感是诱发大众选择偶像崇拜的关键因素。杰姬·斯泰西 Jackie Stacey 在其文章《女性魅惑——一个认同的问题》中提到,想象中的自我转变产生出电影的快感,观众遁入好莱坞偶像的世界,并从承担影星的身份中获取快感。[2] 这种

〔1〕 楼下的脚步的发帖留言.http://tieba.baidu.com/f? kz=1056152174.
〔2〕 陶东风.粉丝文化读本.北京:北京大学出版社,2009:177.

心理上的迷失当然不限于电影文本的消费产生的偶像崇拜，在其他的偶像崇拜中，比如崇拜某个明星、喜欢某个动漫产品等，也都有体现。此时的迷失是自我身份的暂时丧失，因为所迷的对象总是表现出超出自我体验的理想状态，这种状态吸引着迷群将情感投射到迷的对象上去，从而解构了自身的主体性。

狂热的球迷。对偶像的迷恋和热爱驱使一位女球迷冲进球场扑向小罗，表达她无法遏制的崇拜和热爱之情。

这样的迷失心态通常也会产生另外一个结果，就是迷群在偶像崇拜的行为中总是可以产生一个新的身份——去除自我身份之外又结合了影星某方面的身份特征从而构建出的身份。网友“楼下的脚步”在观看电影后，人生观发生了转变，虽然自己曾经也有过梦想，但是迫于现实的压力往往失去了为之努力奋斗的动力，而影片中主人公虽然也经常会碰到来自现实的阻力，却通过坚持不懈的奋斗最终实现了自己的梦想。这让“楼下的脚步”开始重新思考自己，反思自己，并希望像电影中的主人公那样试着去解脱，做自己想做的事情。一般的观众或读者，往往会临时沉浸于媒介文本提供的身份认同参照之中，但是当走出影院、离开屏幕、合上书本后，又会迅速地回到自身的日常世界，而迷不同于一般的观众或者读者的地方在于，他或她会因为某个机缘巧合喜欢上一个文本、迷上这个文本，然后将自己的时间、精力、金钱、情感持续不断地投向这个文本及其相关的一切。如此一来，这个媒介文本所激发的新的体验、所提供的新的身份认同，成为迷的存在方式中不可忽略的维度。

在常态的情况下，自我迷失意味着在幻想中解构了自身的主体性，而只要掌握好幻想与现实的界限，脱离幻想后还是可以重新弥合自我的身份。许多粉丝在其经历了狂热的沉迷之后，都会回到日常的生活轨道，虽然其对偶像的崇拜或许依然如故，而作为主体的自我却已经能够将自己从仿佛梦一般的情境中分离出来。一个叫“退路”的资深“玉米”，曾经在对偶像的追踪中感到无比幸福：“多快乐啊，我可以跟她一起感受飞机的颠簸，在相同的高点，在同一个天空。”后来她看到，那些曾经与她一样跟机的老玉米们都已经在过正常的生活，成了一个普通的玉米；那段灵魂激荡的往事，也只在相视一笑的眼神里提起。她感到“这，才是玉米的最好状态”。[1] 一位叫“嘎嘎猫”的粉丝回顾自己曾经迷恋的男星时不无调侃地说：“花心可能原本就是人的天性，在这阵热潮过去后，感觉又慢慢淡下了。再次鄙视我自己！”[2]因此，我们可以说，对绝大部分迷来说，迷文化的实践总是发生在特定的媒介时空构成的情境中，其间的身份认同和自我建构将以延缓报酬的方式作用于他们在迷文化空间之外的生活，对他们的人生产生或长或短、或强或弱的影响。

但在现实的偶像崇拜中，常态无法维持的状况给我们留下更加强烈的印象。狂热的粉丝常常混淆幻想与现实的界限，沉浸在自我的幻想世界中，幻想自己与崇拜客体之间存在强烈的关系，从而使得自身的理性被情感所淹没，最终导致自己行为的失控。像著名的披头士乐队成员列侬便是被其粉丝所杀害的，还有很多明星经常被粉丝无端跟踪、威胁，台湾的娱乐谈话节目《康熙来了》里，也曾有多名艺人讲述自己曾经收到粉丝寄来的恐吓自己或给自己下咒的东西。2003 年 4 月 1 日，被粉丝们称为“哥哥”的香港演员张国荣自杀，他的粉丝无论是当时还是后来，都因此而伤心欲绝，其中有些人陷入一种迷狂的状态。张国

---

〔1〕 中国最大粉丝团运作内幕，南都周刊．2007—05—11.

〔2〕 http：//www.tianya.cn/publicforum/content/funinfo/1/1187935.shtml.

荣跳楼自杀的第二天，重庆一名 17 岁的少女小敏（化名）便退学，称如果家人要她上学，她就死。其后，这个女孩子连续两年足不出户，只在吃饭时与家人见面，其他时间都关在房间里听张国荣的音乐；当年 6 月 21 日，大连一位 16 岁的刘姓少女在家中自杀，起因是母亲没有给她买张国荣的 CD 碟；2008 年 1 月，一位年约 50 岁的安徽陈姓妇女来到深圳，准备在深圳过关前往香港祭奠自己的偶像张国荣，她 6 次尝试从深圳各口岸出境，6 次被香港入境事务处以不符合香港法律为由拒绝其入境；2011 年 3 月 31 日下午，一位张国荣的疯狂粉丝带着“哥哥”的大幅相框，逼迫医生把他整成“哥哥”，并态度强硬地要求明天必须见效，说要在明天以“哥哥”的样貌悼念他。[1] 近年影响最大的是杨丽娟事件。杨丽娟从 16 岁就开始痴迷刘德华，她仅因在一天晚上突然梦到一幅刘德华的照片，两边写着“你这样走近我，你与我真情相遇”，就觉得是缘分，于是开始辍学，“专职”迷恋华仔，华仔的照片、海报、录音带她从不放过收藏，倾家荡产地苦追刘德华 13 年。实际上，如此极端的粉丝行为表明，它不仅不能完成认同的重建，反而使自我身份陷入更为虚幻和破碎之境。这不仅体现在明星偶像崇拜之中，也体现在游戏迷、动漫迷、深度网瘾患者、玄幻小说迷等现代媒介迷的活动之中。对这些迷群中的极端迷狂者来说，他们以一种“生活在别处”的方式完成

粉丝为纪念张国荣制作的明信片。张国荣自杀身亡后，无数粉丝伤心欲绝，以各种方式纪念“哥哥”。

---

〔1〕 张国荣的粉丝四种过激行为.http：//www.xici.net/d67680418.htm .

了身份的重建，以完全无我、融入对象的弥合进一步昭示了认同的困难和自我分裂的情境。

这些极端粉丝的行为也让我们看到迷群主体对真实与虚幻之界的模糊可以达到怎样的程度。但我们不能因此而将整个的迷群视为疯狂的群体，要看到，迷群的如此行为也折射着文化整体的处境。在文化日益碎片化的现代社会，个体失去了稳定的身份，逐渐与家庭、朋友和社群脱节，使得个体易受非理性诉求的影响；为摆脱内心的孤独和恐惧，个体开始寻找情感的寄托和依恋对象；发达的无所不在的媒介利用现代人的心理，模糊现实和幻想的界限，为孤立的个体提供了一种虚幻的体验，以满足人们现实生活中“本真”关系之缺乏的尝试。在社会上孤立、不擅长社交、自我封闭的人，容易为大众媒介所引诱，陷入和明星的幻想性沟通之中，并最终跨越了正常的底线，演变为偏离正常的迷恋。这样的过程，也昭示了社会中各种结构性矛盾(主要集中在阶级、性别、种族、代际、性取向和消费方式)的普遍存在，而且这些结构性矛盾往往呈现为处于从属(或弱势)地位的群体对占主导地位的阶层或意识形态的偏离、背弃甚或抵抗；另一方面，迷的幻想的实质在于对完满的自我身份的渴望，以弥合现实与欲望之间的裂痕。

迷群都来自于现实社会，也都各自拥有着一份现实身份，但是出于对现实的不满或者由于现实身份的模糊感，致使他们希望选择在偶像崇拜中去重新构建一个身份。由于这个身份的构建是他们自己选择的结果，因此迷群往往将在偶像崇拜中所建立的身份当成一种荣耀。

因此迷群往往将在偶像崇拜中所建立的身份当成一种荣耀。

中午吃饭的时候，听到某人在发表对众超级女生小妹妹的评论之余以专业人士自居，一本正经地说：“她们的唱法都很不专业！”我差点把嘴里的东西喷出来了。后来该人又说：获得冠军的李小妹妹唱中文歌唱不过周笔畅，唱英文又唱不了慢歌，比不过张靓颖，只好唱英文快歌……我彻底晕倒！为了终结这种让我不爽的听觉刺激，我只好大声宣称：我是玉米！以前好像没有人愿意把自己和粮食联系在一起，比如说如果你的外号叫大米、土豆或者馒头，可能从某些方面你已经被同傻、笨、蠢、好吃等词联系起来了。但是，现在把自己称作玉米成了一种时尚。有个最搞笑的笑话这么说，现在很多老太太打车上车后怕司机绕路，一上车就说："不要绕路啊，我是玉米！"[1]

李宇春是2005年"超级女声"的总冠军，但就在她获得冠军之后却遭到了很多人的质疑，有人质疑其唱功不如其他的选手，有人质疑她的中性打扮带动了一个不正常的社会性别颠覆潮流。虽然质疑声不绝于耳，李宇春的粉群却坚决支持着自己的偶像。在网络上，像上述以"我是玉米"这种口号宣布自己归属的例子有很多，他们虽然知道这些言语可能会遭到网络上其他人的抵触甚至是谩骂，却依然高调地宣布自己就是玉米，并且把这一身份的亮相当成是自己的荣耀，这个过程其实就是强化自我认同的过程。

群体认同则是将自我设置在一定的社会环境、人际关系中，因此个体需要认识到群体成员带给他的情感和价值意义，它解决的是我们是谁的问题。由于娱乐圈中明星形象、气质以及特征各有不同，迷群所产生的认同也就各有所好。围绕着共同喜欢的明星，迷们在现实乃至虚拟空间中都建立了有迹可循的粉

[1] 网友张梦颖的留言. http://www.mindmeters.com/showlog.asp? log_id=1375.

丝组织，这些粉丝组织也通过多种手法来建立区别于其他团体的标志，比如群体名称、注册入会的方式等，以此来加强粉群成员对该群体的认同感。

粉丝的群体认同还比较突出地体现在粉群之间的竞争甚至对抗之中。2009 年 11 月，2006 届“超女”亚军谭维维推出单曲《谭某某》，该曲一经推出就引发了很大的争议，歌词“我站在冠军左边，陪她嬉皮笑脸，她样样都不如我……”被疑是对同届“超女”冠军尚雯婕的尖锐嘲讽。2006 年《超级女声》的比赛，唱功突出、外形靓丽的谭维维一度被视为夺冠的最大热门，最后却败在尚雯婕的手下，爆出冷门。因此，许多人都认为这首歌正是谭维维对自己不满情绪的发泄。对尚雯婕冷嘲热讽当然免不了引起尚雯婕粉丝的回应，双方粉丝顿时爆发口水战，就像下面这两个帖子所表明的那样。

> 《想唱就唱》不是超女的励志歌么？我很喜欢谭维维这种风格，甚至有些崇拜，做人没有必要夹着尾巴，至于那个什么尚雯婕，我根本都不认识，支持维维！

> 感觉谭维维真的是不自量力！论学历尚雯捷是复旦毕业的高材生，论人气也是高谭一筹，毕竟尚是歌迷投票选出来的冠军；论气质尚雯捷高雅温婉，谭维维则低俗带风尘气味。两个人根本完全不在一个层面上。听谭维维的大舌头唱歌真的非常刺耳，不过也佩服谭的勇气。[1]

除了在网络上爆发口水战外，甚至有些粉丝在现实生活中

---

〔1〕 http://zxmxd.com/paw/ent_bbs/5S11U5UK00031H2L.htm.

还大打出手。类似的粉丝之战还有很多，比如金莎和斯琴格日勒在博客上的互骂，让两人的粉丝也互相谩骂甚至大打出手，还有台湾娱乐节目主持人黄安和吴宗宪的对骂也引发了粉丝之间的交恶，小S也因为一句玩笑话被李敖扬言要将其告上法庭，这一事件也引发了双方粉丝的对骂。偶像之间的交恶继而导致粉群之间的反目，反映了偶像和粉群之间的认同，并且这种认同会强化粉群之间的依恋关系，一旦群体受到他者的侵害，必定会团结起来共同“抗外”，当其偶像与他人产生纠纷的时候，护主心切的粉丝们又怎能袖手旁观。

自我认同和群体认同的建构并不是截然分开的两个过程，因为个体总是处在一定的社会环境和人际关系中，迷群在通过实践活动实现自我认同的同时也在进行着群体认同。

内心之镜

2008年10月16日，《越狱》男主角温特沃斯·米勒(Wentworth Miller)来到中国，从飞抵上海的那一刻起，米帅(粉丝对米勒的昵称)就在热情的粉丝们的包围中上演真人秀版的《越狱》。在他活动的现场，上千粉丝围在品牌店门前等待偶像出现。米勒出来之前，粉丝们不仅大叫他的名字，更不断试图突破保安防线冲进会场，米勒在震耳欲聋的呼喊声中正式亮相。当米勒到达北京机场时，粉丝也是将他团团围住，相机快门声不停地响起，争相喊着“迈克”(米勒在《越狱》中扮演的主角的名字)，以及奔放的“I love you”，一路将其送上了保姆车。夜色中，粉丝们自己驾着车，跟随米勒的保姆车在北京的机场高速上“狂飙”。这些粉丝们何以有这么大的热情？其根本的原因在于迷群主体内心的驱动，就如有学者所指出的，源自他们内心投射情感、寻求认同以及获得补偿的情感需求。

媒介制造的偶像实质上是大众情感和心理的投射，偶像身

媒介制造的偶像实质上是大众情感和心理的投射，偶像身上折射出的正是现代人的某种追求和欲望。

上折射出的正是现代人的某种追求和欲望。飞轮海的阳光帅气，S.H.E的甜美可爱，周杰伦的桀骜不驯，现代年轻人在媒介制造的明星身上看到了理想的自我——或是外表出众，受人追捧；或是才华过人，个性鲜明。所谓情感的投射，是"崇拜者将自我的某种梦想、欲望和缺憾投射到偶像身上的倾向"〔1〕。当迷群的主体寻求完满、统一、理想的对应物，而现实生活却常常充满缺失和压抑的时候，代表着完满、融合、理想的偶像形象便成为他或她情感转移的对象，并将自我的缺失投射到偶像身上，比如长相一般的粉群就会喜欢形象靓丽的明星，过着平凡生活的人群便会崇拜那些在舞台上勇于追逐自己的理想，最终获得成功的偶像。从心理学上来说，狭义的心理投射是一种心理保护机制，即某人将自己不称心的想法、愿望、动机或者情感投射到别人身上，有时也可能是动物或非生物的物体身上。而广义的心理投射还包括个人的积极的情感，即将个人喜好、情感、亲密和友爱投射到客体身上。〔2〕发生情感投射往往是主体处于压抑的状态，需要暂时将情感转移到另一主体身上，通过发现他者身上的品质、感情、愿望等来填补自己情感的缺失。

由此来看，"玉米""何粉""笔亲"们为偶像的胜出投入的巨大热情，折射出在现实生活中不断追求自己梦想的人群的情感体验——平民也可以在一夕间成为大众仰慕的偶像，这给予了那些还在奋斗的大众一个希望。崇拜那些平民偶像便是基于自身的情感投射，将自身未完成的梦想追求投射到他们喜欢的明星身上，希望以明星的成功来完成自己的梦想。

而迷群主体对所迷对象客体的认同则"是指崇拜者接受偶

〔1〕 岳晓东．我是你的粉丝．上海：上海人民出版社，2007：169．

〔2〕 邓维佳．迷与迷群：媒介使用中的身份认同建构．北京：中国传媒大学出版社，2010：94．

像之言行及自身的价值，偶像可以给人树立生活的榜样，产生无穷的幻想和生活激情，偶像的言行，也可以给人们以极大的力量，使人加以努力地体会和实践”[1]。明星本身所具有的一些独特的品质会成为迷群认同的对象，并且这种认同情感会对迷群的实践生活产生影响。一些明星不忘投身于公益事业，李连杰的壹基金，李亚鹏、王菲夫妇的嫣然天使基金，姚明的姚基金等明星公益基金会的成立都给他们的粉丝群树立了一个个榜样。近年出现的一批商界明星，如阿里巴巴的马云、万科地产的王石、搜狐的张朝阳等，他们在商场打拼的经历给很多正在创业并视他们为偶像的人同样也提供了很大的精神力量，拼搏、坚持、胆大便成为他们的崇拜者所认同的品质。

如前所述，迷群主体在崇拜的过程中寻求的认同，不仅包括对对象客体的认同，也包括对自我的认同，并且对对象客体的认同往往也会转化成对自我的认同，并扩展为特定迷群的群体认同。在崇拜偶像的行为中，迷群可以通过选择一个崇拜的偶像客体，并在迷群内建构一个新的身份，从而获得自我认同和群体认同。喜欢哪个明星，认同哪个明星的特质，是形成自我认同和群体认同的重要环节。按照马斯洛的人的需要层次理论，自我实现的需求是最高层次的需要。从过去对图腾、宗教信仰到如今名人偶像的膜拜，莫不源自内心深处对自我实现的满足。“粉丝，其实来自我们内心。粉丝在偶像身上找到归属感，人们寂寞的心灵想要找到寄托，希望为生活创造意义、满足自我、实践自我。”[2]粉丝从偶像身上汲取自己内在心灵所缺失的力量，以偶像为动力、以偶像的言行为自我行动的激励，实现自我的突破。

从过去对图腾、宗教信仰到如今名人偶像的膜拜，莫不源自内心深处对自我实现的满足。

个体强烈的膜拜情绪促使自身寻找到同好以彼此抒发倾慕

〔1〕 岳晓东.我是你的粉丝.上海:上海人民出版社,2007:173.
〔2〕 张嫱.粉丝力量大.北京:中国人民大学出版社,2010:4.

之情，但这往往在现实生活中碰壁，难以在生活的圈子中找到宣泄情感的出口，往往就会转向网络。网络的高度包容性使粉丝的情感得以“落地”，也易于产生共鸣，形成集群。这样，同好之间以共通的某种情感为基石对偶像本身、偶像行为的文本解读也有共通、共同之处。在集群相对封闭、稳定的语境中，群体的认同趋于高度的一致性。

曼纽尔·卡斯特（Manuel Castells）指出，意义是环绕着一个跨越时间和空间并自我维系的原初认同（亦即一个架构其他认同的认同）而建构的[1]。就粉丝与偶像的关系而言，我们可以将这原初的认同理解为某种本质的气质的契合。Lady Gaga的粉丝们和宋祖英的粉丝们很显然是两个截然不同的群体，正是这种对明星的品质认同的差异形成了不同的自我认同以及群体认同。Gaga的粉丝可以在其粉丝群中找到同好，透过她古怪的造型发掘出她的内在魅力，个体之间的解读存在着高度的认同点：

> 奔远：喜欢Gaga；独特的创作风格，清亮穿透力较强的嗓音，不拘一格的表演，舞蹈时的举手投足；有评论说她是21世纪的Madonna，我有同感。
>
> AxySik：音乐具有超强感染力，造型前卫，台范儿相当好，此女乃才女。
>
> 对她有爱光与影的绝望：大胆的装扮，真实的自我意识，个性张扬，聪明。
>
> Catherine7：她是我想成为却又不可能变成为的女性代表LOL。[2]

[1] 曼纽尔·卡斯特. 认同的力量. 北京：社会科学文献出版社，2003：3.
[2] Lady Gaga粉丝群。

在他们看来 Gaga 是一个具有音乐才华、忠于自我、极度洒脱的符号;同好们也对其装扮等进行评价,但在他们看来这是 Gaga 独立率真的表现。粉丝们羡慕其可以如此肆意地表达自我、张扬个性,由此 Lady Gaga 在那些被生活压抑、标榜个性的粉丝中演变成追求自我的符号,正如一个粉丝所写的那样,我们只是喜欢看到那个在舞台上一腔热血、放声嘶喊的女人,在她的音乐中我们可以感受到那种彻底的癫狂,让我们心中的 wildest fantasies(终极幻想)如同火山一般爆发。

粉丝在虚拟空间聚集,超越时空的限制,以特定的情感为基准对特定的符号进行"为我所用"的解码,形成意义的高度认同。粉丝眼中的偶像往往超越了其单纯艺人的身份,而是幻化成某种具有内在所指的符号,这样的符号在同好中高度趋同,激励粉丝追求自我、突破自我,确认自我。Lady Gaga 雷人的言行经常会出现在各大娱乐报纸的版面中,肉片装、透视装、夸张的眼线以及话语中所透露出的对社会规范的颠覆,都呈现出其亚文化的一面。因其独特的个性以及音乐的强烈冲击力,Lady Gaga 引来了无数青少年的崇拜,全球范围内都形成了组织庞大的 Lady Gaga 的粉丝团,2011 年 5 月,她在"推特"上的粉丝首超千万。Gaga 的迷群在肯定 Gaga 的同时也就是对处于边缘的亚文化价值观的认同,他(她)们能够接受 Gaga 雷人的服饰、夸张的行为、甚至能够接受其同性恋取向,这就将他们同接受社会规范的主流人群区分开来,让本身在社会上处于边缘社会群体的人们在崇拜 Lady Gaga 的过程中重新构建了一种身份。

对偶像崇拜的补偿作用"是指崇拜者通过敬仰和崇拜某个偶像来获取自我感受和人际交往上的满足。这种满足感是对粉群在其自信心、自我概念、自我确认以及人际交往等方面获得的不同程度的满足感和成就感”[1]。

> 跟许多“哈迷”一样，我对《哈利·波特》这个系列的小说有很深的感情，它像是我少年时候的玩伴，陪我一起经历过成长的岁月，依稀记得15岁那年在学校的图书馆里看到这套小说，从此被这个神奇的魔法世界吸引，一路追随直到今天。10年的时间里，这个故事带给我无法忘怀的惊奇与感动，即使在3年多前它就已经完结，即使书中的人物情节对我来说已经非常熟悉，我还是会时不时地翻阅它，如同翻看儿时的照片一般，在那些文字间回忆曾经对这个故事满怀期待与猜想的自己。[2]

这位叫飞鸟殇的“哈迷”的留言，让我们看到粉丝在他迷恋的对象那里获得了心理的补偿。因此，获得补偿从另外一层含义上来说也可以将其理解成自我发现。迷群在崇拜偶像中可以获得很多发现，比如人际交往上的拓展，迷群的形成一般都源于对同一个偶像的喜爱，这个共同的爱好让粉群间可以相互交流，找到知己，拓展现实世界中的人际关系。有些粉丝甚至会因为对同一个明星的喜欢发展出一段爱情，从而找到自己人生中的另一半。一些娱乐节目在做对一些偶像的采访时也经常会请一些因为共同喜欢某个明星而走到一起的情侣来上节目。

随着网络媒体的兴起，迷群这种自我确认以及人际交往等方面获得的补偿功能越来越明显，像网络上经常会有各种再编视频、图片、铃声等可供下载的资源，这些资源点击率有些很高，

---

〔1〕 岳晓东. 我是你的粉丝. 上海：上海人民出版社，2007：177.

〔2〕 飞鸟殇的发帖留言 http：//tieba.baidu.com/f? kz=1024091765.

甚至还会引来网友的广泛转载。2011 年 6 月，人人网分享页面上一段有关日本动画片头共同点的剪辑分析的视频被人分享了 95 405 次，成为人人网上的热播视频。这个作者分析了许多日本动漫的片头曲中常见的剪辑技巧，比如空中飞舞的鸟、人物暴走、人物瞳孔特写、人物持续奔跑等，并将许多相同的画面剪辑在一起，让观看的人恍然大悟。这些由迷群主动生产的产品，在网络平台的空间中获得了别人的认同，本身就是对粉群的自信心以及自我确认的一个很大鼓舞。

发现与构建

迷群情感的需求投射、认同、补偿的过程，也是迷文化创造的过程，伴随这一过程的是自我的发现，它与前面所述的迷失形成一种悖反的状态。如前所述，粉丝对偶像的投射主要是情感的强烈投入，不需要迷群借助于任何工具，只要持续保持情感投入的强度就可以，因此在传统媒体占据霸权、受众处于被动位置的时代，除了参加偶像的各种活动，或者在家收集有关偶像的相关物品，情感投射便成为偶像崇拜的一个最主要的行为方式。

我要变成这样

在传统的偶像崇拜时期，媒体有意打造一个被赋魅的偶像形象，对于粉丝来说，偶像永远是高高在上、镁光灯下星光璀璨的对象。譬如在 20 世纪 80 年代至 90 年代的港台明星中，四大天王最为引人关注，刘德华、张学友、郭富城、黎明凭借在影视歌的三栖发展，带动了当时整个娱乐业的发展。那个时期港片产量份额基本上被这四个人主演的影片所瓜分，并且在流行乐坛也各自占据一席之地，留下了很多经典的流行歌曲，成为一个时代的记忆。由于传统媒体拥有着发布偶像信息的霸权，此时的偶像往往被传统媒体神化,“歌神”“玉女掌门”等绰号都被冠上了宗教似的符号,打造出一个个完满、统一、不存在任何瑕疵的明星形象,因此大众经常会将这些明星当成幻想的对象。对于粉丝们来说,他们通常会借鉴明星的某些特质来呈现自我,如复制明星的体貌特征或独特的习性,当年郭富城的中分头就被当时他的祖国大陆粉丝们竞相模仿。

构成偶像外在符号的所指其实远不止是外表形象,而更多地被赋予内在的价值、意义。

外在的模仿显然只是浅表的,但是,在此过程中,构成偶像外在符号的所指其实远不止是外表形象,而更多地被赋予内在的价值、意义。正是后者构成了偶像对迷群的召唤、启发,迷群对偶像的认同与对自我的发现。麦当娜的歌词、扮相、行为举止都表现出对男性中心主义社会的反抗与颠覆,作为一个有悖于男权社会所形塑的女性依附型的形象,她所倡导的是以女性为中心的性别表征。她戴十字架的耳环,和不分五指的网眼手套,穿露脐短上衣以及黑色的网眼服,让人看起来既放荡又有诱惑力,她告诉女生应该有独立性,要做自己。这让许多本身对男权社会存在抵制情绪的女性,在麦当娜身上找到了自己对女性的性别期待。因此许多女性粉丝将情感投射到麦当娜身上,并通过模仿她的行为、扮相等来呈现自我。这些女粉丝在崇拜麦当娜的过程中,建构了一个新的身份,这个身份具有在偶像崇拜的过程中形成的品质特征。

到了 20 世纪 90 年代,随着新媒体时代的到来,虽然粉群有了更多崇拜偶像的途径,但是对于迷群在投射情感以获取自我发现的作用方面仍然不可小觑。不仅新媒体的出现改变了迷群接触偶像的途径,而且迷群接触偶像途径的多样化也加深了迷群对偶像的情感依附度。

全媒体时代的到来给迷群提供了一个偶像资讯的饕餮盛宴,迷群通过电视、广播、报纸或者网络等传播载体,可以了解到任何有关偶像的信息。新媒体不同于传统媒体,对偶像的赋魅开始转变成对偶像的祛魅，这种祛魅表现在对偶像信息的全方位报道，比如家庭、婚姻、生活等，尤其是媒体对偶像私人生活方面的报道使得偶像的很多私人信息暴露在公共视野之下。偶像不再是高高在上，他们在粉群的眼里已然成为家人似的成员。粉丝只要崇拜一个偶像，就可以了解到有关其方方面面的消息，而新媒体时代粉丝与偶像之间的互动也更加频繁，名人明星微博的开通，官方粉丝网等的建立，都实现了粉丝与偶像的在线交流。明星与粉丝间这样的互动无形中就加强了粉群和偶像之间的情感依附度，粉群对偶像信息的持续关注也保持了对偶像情感投射的连续性。

另一方面，网络虚拟空间的兴起，使得迷群可以在一个虚拟的空间里相互讨论和交流，在讨论中会表达自己对偶像客体的一些看法或感想，并以帖子的形式表达出来，比如为什么喜欢这个明星，对明星某些行为的看法等，这些帖子可以说是情感投射的实物再现。有别于传统媒体时代，粉群对偶像的情感投射只能通过幻想来进行，即使表达出自己的想法也没有途径得到别人的认同，新媒介时代的粉丝们发表的帖子包含着自己对偶像情感投射的内容，而这些内容都是可以被其他网友看到的，一旦得到他们的肯定和认同，对发帖人的自信心或者自我确认方面的肯定是有积极作用的。

我也可以做到

媒介及娱乐产业为迷群提供了多样化的产品消费选择，迷群也通过选择对这些产品的消费比如唱片、衣服、书籍、纪念品等表现出自己的认同。约翰·菲斯克(John Fiske)在《解读大众文化》中认为：“一种广泛的选择并非一种经济需求，而是个人主义的意识形态的需求”，现代商品社会凸显了商品作为符号在现实社会中所扮演的角色，而对商品作为符号的使用则模糊了使用价值与交换价值之间的区分,实际上也就是将使用价值体系转变成了交换价值体系,并且这种交换价值的意义便在于:“通过对象,每个个体和每个群体都找到了他/她在秩序中的位置”[1]。也就是说如何消费都表明了“我”对自身品味、习惯、地位等的认识和评价,消费的过程也就是自我认同建构的过程。英国伯明翰大学文化研究博士刘娜曾把不同美剧的粉丝做了阶层上的区分。在她看来,美剧迷大体可分为三类:第一类是以喜看《老友记》等经典美剧为代表,这类美剧迷的数量众多,阶层复杂,基本涵盖了整个都市白领阶层;第二类是以喜看《越狱》《24》等剧为代表,他们当中男性明显多于女性,职业上大都集中于学生和职员;第三类是以喜爱《人人都爱雷蒙德》等剧为代表,这类粉丝一般具有更出色的英文能力和教育背景,因此更能欣赏这类剧中的文化意味和幽默卖点。[2] 从这里我们不难看到,迷群在对媒介文本的消费中形成的身份表达/表露。

在这样的过程中,迷群借助于新媒体技术的力量,自我发现的方式不断多样化起来。新媒体技术的兴起给粉群带来的最大的影响就是传播渠道的多样化,借助于网络技术的发展,迷群以虚拟的网络空间为平台,迷群通过对媒介文本的消费和再生产,拓展了日常生活的自我囿限,而获得更多的自我发现。在一些粉丝社群里,我们可以发现很多粉丝们以偶像或者媒介文本为原型所进行的创造。

有的同学可能会说,看一部书还要这么费劲思考,从各种角度找问题,不是没事找事么,多累啊。我想既然挂了哈学讨论的名头,即便不是正经的论文、文学评

[1] 约翰·菲斯克.解读大众文化.南京:南京大学出版社,2006:24.
[2] 我为美剧狂——电视剧迷文化阶层分析.南都周刊.2008-06-15.

论，也大可借机练一下主动阅读的方法，培养一下批判思维。开始你可能会不适应，多写几篇，相信就会发现不仅可以找到作品新的含义，还可以锻炼自己看待事物的眼光，益处就不仅限于得征文冠军或是优巫加分了。——飞鸟殇[1]

QQ会员哈利·波特之旅。互联网为迷群提供了各种线上活动空间，这是腾讯网专为哈迷提供的“哈利·波特之旅”活动。

哈学讨论是哈利·波特百度贴吧里专门设置的一栏板块，于2010年创办。在哈学讨论中，哈迷们需要围绕着《哈利·波特》这个主题，自由地创造文章，探讨原著的各个方面，从而加深哈迷对哈利·波特全方位的认识。“飞鸟殇”便是众多文章发布者之一，他经常会围绕哈利·波特发一些文章，或者是探讨剧情，或者是提出问题，这样的写作过程锻炼了他主动阅读的方法，培养出批判的思维，还砥砺了他看待事物的眼光。在他的表述中，我们可以很明显地看出他在对哈利·波特的着迷中，不是被动地去接受偶像的一些文本信息，而是主动地去对偶像文本进行再生产，并且在生产的过程中发展了自己日常生活之外的能力。

粉飞客是一个外来词，源于英文fanfic，即迷(fan)和小说(fiction)的缩写。

像“飞鸟殇”这样的哈迷在网络虚拟空间中是大量存在的，他们在网络的虚拟空间中自成一体，并有了一个统一的名字——粉飞客。粉飞客是一个外来词，源于英文 fanfic，即迷(fan)和小说(fiction)的缩写。粉飞客热衷于对原文进行改写、

〔1〕 http://tieba.baidu.com/f? kz=1024091765.

续写，并把改写或续写好的作品传到网站或论坛上，供大家阅读和讨论。在网络上比较出名的粉飞客的作品如网友对热播剧《奋斗》的续写，他们沿用石康的文风写出了网络小说《奋斗 2》，让《奋斗》的粉丝们着实兴奋了一把；网络热播美剧《越狱》，其开放式的结尾加上故事悬念的安排都让《越狱》迷们对剧中人物命运的走向展开了激烈的讨论，部分粉丝更是自己撰文预测故事的发展走向，从而使得《越狱》在网友力量的推动下不断掀起网络收视热潮。

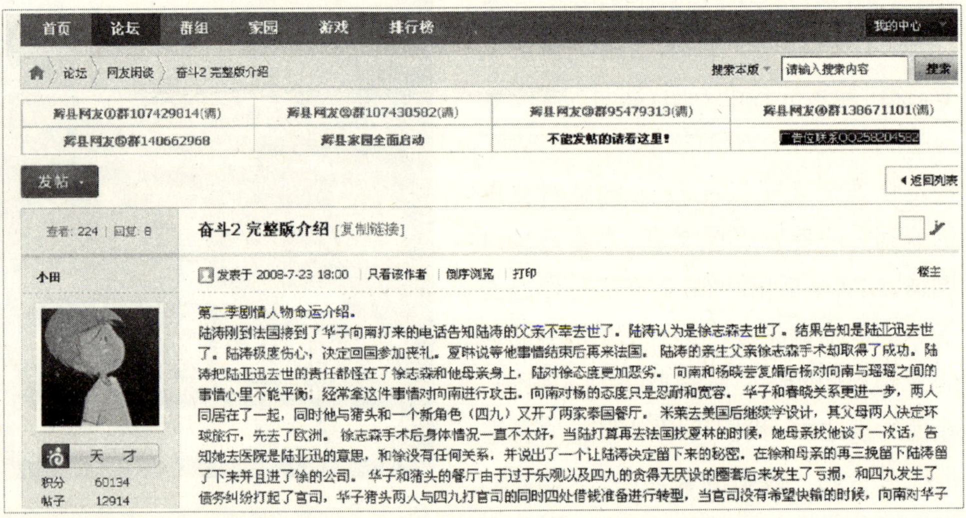

“粉飞客”自创《奋斗》。借用这个网络平台，“粉飞客”们不仅积极消费文本，而且也自己动手创作“粉丝文本”。

当然，粉飞客的存在只能证实粉群凭借网络虚拟平台拓展了自我的写作能力。事实上，除了网络中活跃的粉飞客，还有许多积极的粉群借助网络平台参与对媒介文本的消费和生产，并且在这一过程中获得了日常生活经验之外的能力。学者邓维佳在其博士论文《迷与迷群：媒介使用中的身份认同建构》中研究了伊甸园美剧论坛上迷群的实践活动，发现论坛中通常会及时更新一些美剧资源，而为其配上中文字幕的任务便由这些论坛中有一定英语水平的粉丝主动完成，这些粉丝在现实生活中往往可能并不是从事与英语翻译相关的工作，但这一实践却让他们在不自觉中提高了自己的英语水平。这种在参与迷文化中拓展自我能力的现象在迷群的行为实践中比比皆是。网络技术的发展为大众提供了资源传播的渠道，因此迷群在消费媒介文本的同时，也开始了对媒介文本的再生产。在一些明星的贴吧或者粉丝网上，我们都可以发现粉群再生产的一些偶像文本，比如迷群在媒介文本基础上自制的偶像图片，偶像视频等，这些再生产的偶像文本往往充满了新奇和创意，从而使粉群在虚拟空间中拓展了脱离日常生活经验外的自我能力。在偶像崇拜中，粉丝不仅在个体能力上有对自己的重新发现，在网络虚拟社区中也同样建构了新的身份。

道格拉斯认为，媒体文化通过提供图像、话语、叙述和宏大的场面来制造出怡人的愉悦、认同性和主体性立场。媒体给大众提供了越来越多的能够建立认同的资源，这些资源的增多反过来也为大众提供了大量的备选方案，也就意味着大众的认同性是可以重构的，个人可以自由地改变自己，从而使得后现代的自我呈现出一种流动的、多重的、易受影响的自我。大众的主体性往往被媒体所形塑，而能动性趋强的受众需要摆脱媒介对其的控制和操纵，跳出媒介为其建构的身份认同框架，反客为主，积极主动地通过媒介使用进行身份认同的建构。迷文化的实践正是在此表现出积极而活跃的受众主体身份。譬如贴吧，就是迷们为共同喜欢的明星而建，在贴吧里迷之间相互交流、分享信息，并通过注册会员的方式划出各自不同的归属，同时也使这个群体具有鲜明的标记以区别于其他群体。新媒介技术的兴起，使得媒体与粉丝之间的互动行为日益频繁，媒体为粉丝生产素材和文本，提供大量的有关偶像的信息来满足粉丝的需求；粉丝利用新媒介技术，消费和再生产媒介文本，扩大媒体报道的影响从而达到为偶像宣传的目的。媒体虽然为粉群提供了多样化的偶像客体的样本，但是粉群并没有将自己局限在媒体对个体主体性的塑造上，而是通过多种途径来实现自我认同的构建。

任何事物本身不会只有单一的意义，通过表征它们的方法，我们才给予它们一个意义。斯图亚特·霍尔（Stuart Hall）在其《表征》中提出了两个表征系统，一个是通过对各种事物（人、物、事、抽象观念等）与我们的概念系统、概念图之间建构一系列相似的或等价物的联系，从而赋予世界以意义；而第二个表征系统则是我们的概念图与一系列符号之间建构一系列的相似性，这些符号被安排和组织到代表或表征那些概念的语言中。由此可以看出符号在我们赋予或解读事物的意义过程中所发挥的重大作用，就像一朵玫瑰花，在人们赋予意义的情况下，可以代表激情或浪漫，这时候两者之间产生了联系便构成了符号“玫瑰花”。

偶像作为一个被建构出的形象，其形象的建构过程也就是符号化或者说是被赋予意义的过程。偶像区别于大众的一个很明显的方面就是他们代表着完满、理想和统一，粉丝在现实生活中可能都会有方方面面的残缺性，有些可能对自己的长相不满意，有些可能感觉自己的生活过得不如意。相对于大众来说，偶像却永远光鲜亮丽的生活着，已然成为被神化的象征理想状态的符号，如英皇旗下的艺人 Twins 凭借青春、活力深受年轻人的喜爱，早期出道的周慧敏也成为玉女的专有名词，台湾天后主持人小 S 则会让人将她与反应灵敏、耍宝等联系在一起。当然这种偶像形象被符号化总是需要一些建构的手段，如需要偶像信息的生产，偶像的衍生产品的开发，像唱片、书籍等。只有将偶像形象这个抽象的概念转换成可以供人们解读和消费的具象资源时，粉群才更容易产生接受偶像的品质特征，从而产生对偶像的认同心理，并在对偶像的认同中转化成自我认同和群体认同。

认同是主体对自身身份感、确认感和认同感的建构，在偶像崇拜的行为中，粉群不仅可以在解读和阐释这些偶像形象符号化的过程中建构认同性，他们甚至可以自创一套符号系统，通过符号化的手段来建构认同。

新媒体技术的兴起，大大缩短了偶像和粉群之间的距离，偶像不再仅仅是被媒体神化了的形象。对于粉群来说，当大量有关偶像的信息暴露在公共视野之下时，这种已经褪去宗教能指符号意义色彩的偶像则更像是自己的家人。但不可否认的是，新媒介技术虽然开创了更多粉群接触偶像信息的途径，粉群崇拜偶像仍然需要接触大量有关偶像的信息以及其相关的偶像文化产品，像唱片、海报等，来支持偶像，在消费这些偶像符号的过程中建构起自我认同以及群体认同。过去粉丝主要是通过传统媒体来搜集偶像信息，随着网络技术和新媒介技术的兴起，偶像信息的生产不再局限于传统媒体，偶像信息传播渠道的多元化使得粉丝越来越方便地跨媒体搜集偶像的信息。

围绕着偶像或所迷对象客体的文本再创造是现代社会迷群表现出的一个新特征。迷在消费偶像文本时根据自身的社会经验和社会关系从中解读出与自身相关的意义，并且这种意义的解读通常由迷群经由文字或其他符号方式表现出来，如迷会在论坛里以发帖的形式来表达自己对某一事件的意见、感受和情感，通常这种感受里就包含了迷自身的价值观和生活经验，这样的表达也增强了迷的自我认同。

《奋斗》是2007年火爆荧屏的一部电视剧，讲述了几个大学生在毕业后面对爱情、友情和事业等方面的态度。很多人喜欢这个电视剧的原因是因为台词的犀利、经典、搞笑，其实人物性格真实鲜活的呈现也是该剧的一大特色。剧中的人物引发了网友的热议，尤其是夏琳、米莱以及陆涛之间感情上的纠葛。很多观众喜欢米莱，因为她对爱情执着、敢爱敢恨，最后在剧中演唱的那首《左边》更是感动了很多观众，而夏琳则是一个好强、独立、骄傲的女人，对于他们三个人之间的爱情，很多网友都表达了自己的看法，有挺米莱和陆涛在一起的，也有支持夏琳和陆涛在一起的，网友 Shiyanxu5 便是其中力挺夏琳的一员。

> 为什么那么那么多人会讨厌夏琳？我真的觉得她很可爱、很可爱，如果让我在米莱和夏琳之间选一个，我会毫不犹豫地选夏琳，在现实生活中不会有米莱这样的女孩出现，即使真的有了我也会毫不犹豫地选夏琳……夏琳唯一的错就是在没有告知米莱的情况下和陆涛在一起。可是后来我理解了，陆涛注定是夏琳的，他一点都不爱米莱。真搞不懂那些讨厌夏琳的人，难道你们觉得没有夏琳，陆涛就能爱米莱了吗？真是幼稚。许多人都说夏琳是第三者。第三者？第三者真正的概念应该是这样的：爱情产生了才可以分出是否第一和第二，如果没有产生爱情，只是喜欢或者别的感觉，就没有所谓的第三者，再说米莱对陆涛的情感是喜欢，是崇拜，是欣赏，是“爱”。
>
> ——网友 Shiyanxu5〔1〕

许多人都说夏琳是第三者，而网友 Shiyanxu5 却认为爱情产生后才能对第一和第二作出界定，如果没有产生爱情，只是喜欢或者别的感觉，就没有所谓的第三者。这是她在观看《奋斗》后对第三者作出的概念上的区分，她通过发帖的形式来表达对剧中人物的感受和评价，同时也重新梳理了自己的爱情观，从而完成自我认同的构建。

---

〔1〕 http://tieba.baidu.com/f?kz=313046560.

当然发帖并不仅仅是自我情感的投射，就像亚伯克比(N. Abercrombie)和朗贺斯特(B. Longhurst)所谓“观看和表演”模式所指出的那样，媒介影像大量进入人们的日常生活，人们直接或间接成为受众，将自己呈现在他人面前，也同时想象他人如何看待自己。这个范式深入探讨了受众的主动媒介使用行为以及消费者自我形象的搜寻和建构。在互联网公共平台上，张贴文章表达自我意见的主体，其实也在想象他人可能的回应。在网络群组中发表文章、讨论剧情可以看成是一种表演，发帖不仅让发帖人认识到自我，同时也使自己为其他迷所发现，而网友的跟帖中如果表示出对发帖人的认可，主体则借此完成了自我认同的建构。

在此过程中，除了对偶像符号进行消费外，迷群也自创了一套符号体系，并且这个符号体系在迷群增强认同性方面发挥了重要作用。

迷群名字：随着网络等新兴媒介的出现、普及和影响力的日趋增强，来自天南海北的粉群们已经抛弃了过去打游击的战术，从五湖四海走到一起，主动利用网络等新兴媒介聚集成群，形成各色各样的“粉丝团”，粉丝团的名字已经成为一个个符号并且承担着区分不同群体标志的任务。粉丝团的力量被人们所熟知源于湖南卫视在 2005 年举办的真人秀节目《超级女声》。“玉米”“凉粉”“笔亲”“盒饭”等粉丝团的存在让人们见证了粉群在平民偶像诞生过程中发挥的巨大作用。每一场偶像比赛中观众都能看到粉丝团在下面呐喊助威，赛后还要辛苦奔波在各地为自己的偶像拉票，他们往往拉着横幅、派发传单，让大家支持自己喜欢的超级女声偶像。此后，这种形式拓展到其他选秀类节目，乃至老牌明星的歌迷组织甚至学术明星、影视剧或者文化现象的支持者，都开始成立各种各样的粉丝团，并且给自己起了千奇百怪的名字。比如著名的“玉米”“羽毛(马天宇)”“蜂蜜(谢霆锋)”“腐竹(电视剧《武林外传》)”等。

从这些名字上看,粉群名字的选取总是和粉群所粉对象有着直接的联系,通常都是采用所粉对象名字中的一个字再组合成通俗易懂的词语,以此拉近和偶像之间的距离,他们以这些代号自居于现实世界以及网络空间内,以代号的使用来获取群体的归属感。在偶像崇拜的过程中,这些团体名字已然成为了一个个独具风格的符号,粉群的自我称谓加强了粉群自身群体特征的效果,确立了自己的身份符号,从而建构了他们的群体认同。

口号与会服:口号是粉群直接表达情感的一个重要的方式,这些简短、易记的宣传口号便是粉丝与偶像之间互动的纽带。口号一般来说都是粉丝情感的投射,像张靓颖歌迷会在其比赛期间所喊的口号是“靓颖靓颖,靓声靓影”,周杰伦的粉丝口号就是“无与伦比”等,这些简短的语句都能表现出粉群对偶像狂热的爱。呼喊口号凸显了群体成员的力量,表明了粉丝们不再是离散的追星个体,而是一个有组织的团队,粉群为了共同的偶像聚集在这里呼喊统一的口号,形成一个团体集体活动的重要标志。又如,选秀节目一个很大的特点就是突出其竞争性,因此比赛环节中都有设置选手两两 PK,而往往 PK 时段便成为台下粉丝呼喊口号的绝佳时期。偶像在台上 PK,粉群便在台下 PK,双方粉丝都在台下撕心裂肺地呼喊着口号,以求形成阵势,在气势上先声夺人。其实在选手参赛中,这种声势浩大的口号呐喊不仅可以给选手增强晋级的信心,也可以增强粉群间的凝聚力和团结精神,偶像晋级了,大家一起欢呼雀跃,偶像失败了,粉群还是通过呼喊口号的方式为偶像加油。

迷群间不仅需要具体的口号,还需要统一的会服,以作为群体间的标记。一个组织严密的粉丝团一般都会有自己的会服。粉群参加偶像出席的活动时,需要身着统一的会服,有些还会佩戴偶像的专属饰物、现场助威加油道具、偶像专属胸章、钥匙扣、手机绳、运动手腕、时尚海报、活动现场荧光棒、现场手拍、灯板以及彩旗等,从道具、服装到头饰一应俱全。这样聚集在一定的空间内,才会形成明显的标记,让自己的偶像一眼就可以看到他们。像大家比较熟悉的玉米团的黄色标志性服装,凉粉歌迷会的白色个性图案选秀T恤等就是例证。身穿统一的会服增强了粉群的自我身份感,明确自我在群体中的位置,从而接受自己的粉丝角色和地位。

群体语言符号:迷群内部其实也会创造一些抽象的符号来维系粉丝间情感的交流,这些具有家族语言特性的抽象符号一般都是由本群体的成员所创造,并且只供本群体间交流使用。20世纪90年代,一部《大话西游》成就了大话的经典传奇。《大话西游》把周星驰推到了后现代主义喜剧大师的位置,进而推动了无厘头文化的流行。剧中的一些经典台词"I服了YOU""靠""给个理由先"等早已成为粉群在网络上交流时常用的表达,这种只有本群体成员才能看懂的句子使得粉群在使用这些句子的同时增强了自我认同。

漂移的认同

在新媒介环境中,迷的个人身份认同还有一个值得注意的方面,那就是"泛认同"现象。迷的"泛认同"指某一迷主体分散于多个迷群社区,选择性地参与、认可多类迷文化的实践,满足多种心理诉求,获得不同的情感体验,它是一种新型的身份认同方式。泛认同进一步反映了互联网上像迷文化这样的亚文化主体身份的流变、漂浮、不确定,意味着亚文化集体认同的泛化和支离破碎,加速了特定的、统一的亚文化价值诉求的消解。

网络空间中丰富而未被强制定义的种种意涵丰富的文本，在客观上为迷文化实践主体的自我虚拟身份提供了充分的选择。某种类型的媒介文本使那些在现实中或许永远无缘面对面接触的迷群成员联系起来，以共同兴趣为基础讨论和培养友谊，寻找身份出口。譬如，一个美剧迷完全也可能是一个周星驰的铁杆粉丝，还有可能是《火影忍者》迷，有时候他还可能混迹于姚明的球迷论坛中……但是，这仅是迷文化主体进入一个更广阔的社群的起点。对网络上各种迷文化社区的大部分成员来说，认同的漂移性意味着参与多个社区的“泛认同”的可能，也就是说，他们游走于各种迷文化部落，不只隶属于某一特定社区，这不仅没有影响他们在网络空间中的自我认同，还为他们赢得了一种前所未有的自由享受。下面我们以土豆网视频再编制作的群组为例，进一步说明这个问题。

土豆网上社区成员没有特定认同于某一类小组，通过发布和收藏各类再编视频，创建和加入多类小组，他们追求多样化的身份诉求，并没有因为对一种亚文化类型的兴趣就限制其他的兴趣。以“豆角排行榜”中几位主要从事再编视频创作的优质播客为例，主打《魔兽争霸》比赛解说视频创制的“love 桥林”共加入了 6 个小组，除了“桥粉会馆”“我和桥拉拉手唱唱歌”“魔兽乐园”这三个对应其本身风格的小组外，他还是“原创播客四川站”“原创播客上海站”“土豆窝”这类视频原创小组的成员。擅长以“猥琐”的方式阐述一个个令人捧腹而又发人深省的小故事的“一日一囧”也加入了 4 个完全不同类别的小组，可以看出他不仅热爱原创，加入了“原创播客上海站”，还对动漫感兴趣，是“动漫者的天堂”“漫天漫地”的成员。还有一些播客没有加入任何小组，他们自成一派，但并没有因此而减少视频创制的数量或是自身的活跃度，知名的有以英文歌词直译形成恶搞经典新风格的“欧子 OuZi”、自嘲“猥琐如风、恶搞如火、懒惰如山”的宅男兼卡通设计师“无知的 nono 熊”以及网络游戏解说视频创制者“T仔(TaT)”。

类似的情况发生在大多数参与土豆虚拟社区的成员身上，这一方面是因为网络进一步将世界整合，虚拟与现实融为一体，平面化带来了很大程度上深度的消失、积淀的消失。在这样的环境中，个体感觉坚定、单一的认同已经不是那么重要了。创制、参与一个虚拟小组是如此的自由和便捷，但推广、壮大这个小组所需要付出的心力和时间，却又不是每一个成员都能坚定不移做到的。另一方面，虽然不如专属于某一个或某几个社群的具体认同那样容易使成员获得稳定的身份认同和亚文化实践的固定空间，但泛认同却可以凭借自己“泛”的优势使其成员心安理得地安于现状。随便看看、走马观花、打酱油等成为虚拟社区中普遍的心态和行为。同人女“WB”在一次有关“亚文化者虚拟空间使用”的访谈中说道：“我没有特别常访问哪一个，有些是漫画的论坛，还有是电视剧集的论坛，我基本上隔三差五都会去看看。……也不是每个都注册，有些就没有。”总而言之，这种虚拟空间“泛认同”的方式逐渐成为包括迷群在内的亚文化成员的常态和习惯，它也没有明显影响迷群成员对多样身份诉求的满足。

“泛认同”还意味着亚文化成员会在同属某类亚文化的诸多部落中进行选择性认同，他们既在心里存有集体认同的景象，又拥有各行其是的意愿和自由。当许多青年人游荡于各种认同和联系之间，他们只是部分或暂时的亚文化成员。按照社会认同理论的说法，迷文化成员在经历将自己编入某一社群，认同自身拥有该社群成员的普遍特征这两个基本历程后，还存在一个“比较”(comparison)的过程，即通过评价自己认同的社群相对于其他社群的优劣、地位和声誉，来再度确认自己的身份认同与信心。当弱势社群成员感觉到所属社群在人气和声望上都比不上其他社群时，为了维护自尊，他们会采用多种应对方法，其中包括模仿强势社群以图自强，借鉴他们成功的经验和寻求他们的帮助，或是离弃所属社群，改为认同强势社群。[1] 从这个层面来说，"泛认同"在一定程度上满足了包括迷文化在内的亚文化主体对于在不同亚文化部落之间进行观察、比较、选择的客观需求，顺应了互联网上多种身份认同间不断重组和发生联系的趋势。

以土豆网亚文化社区数量最多的"动漫部落"为例，在113个主要的动漫小组中，几乎每一位小组成员以及小组创建人，都分别加入了一个以上的同类动漫部落。加入小组数量最多的是一名15岁的女孩"悒落樱"，她共参与了72个小组，其中动漫部落54个，组内发帖298篇；其次是播客"ルルのC.C"，他收藏了包括自己创建的"漫迷会"在内的42个动漫小组；来自台湾的"炆子爱吃糖"则不仅加入了32个动漫小组，还是"腐女世界""动漫共分享""动漫总动员"等21个动漫迷小组的组长。在边界分明、入门严格的传统亚文化群体眼里，当今网络亚文化成员这种来去自如、极其宽松的准入准出机制是难以想象的，与本该是竞争或平行关系的亚文化部落之间的亲密互动更是不可思议的。大多数动漫部落在页面上都设置了"友情链接"或"友邻小组"，通过简单的链接和推介，参与人数少的小组可以借活跃小组之人气，获得更多的浏览量和成员数。由同一个创建者或管理员领导的小组之间更是容易互通有无，分享视频资讯和心得情感。于是我们看到，"泛认同"使得同一亚文化认同下的成员各行其是且相安无事，同属于一个亚文化类别的成员即便加入再多的小组，只要上网时间能够保证，发帖、讨论、视频收藏等页

只要上网时间能够保证，发帖、讨论、视频收藏等页面功能的方便快捷，足以使其能"自由漂浮"，轻松"泛舟"于亚文化的碧波之上。

〔1〕 王莹.身份认同与身份建构研究评析.河南师范大学学报(哲学社会科学版),2008(1).

面功能的方便快捷，足以使其能“自由漂浮”，轻松“泛舟”于亚文化的碧波之上。

最后，“泛认同”也体现了社群成员间一种匿名的、不相往来的默契感。较之于现实生活中人们身份间的交叉关系和地位规则，这种平行关系的默契与虚无，正是“泛认同”的魅力所在。亚文化成员认为这样的“平行交往”是安全的、无负担的。正如小组“夏娜控的聚集地”的创建人“Artoria 若紫”在其视频日志里写道的：“在空间回复留言，在节假日送去祝福……动漫的天地里我与土豆上各位昔日的朋友相伴，一同收获了那段珍贵的记忆，没有世俗的浸染，没有现实的压迫，完全在土豆空间这一尺寸天地里得到了预想的放松与快乐。”[1]这种“平行交往”的“默契”还体现在，即使游走于多个部落，添加了无数部落“好友”，但只要你不愿意，即使是在个人播客主页上，除了“用户名”外都不用添加任何背景信息。每一位成员都能会意，在虚拟的网络社区中，他们不用对同伴的真实身份追根究底，他们和自己一样，只是想暂时摆脱社会阶层中的固定位置，展露别人看来边缘、小众或黑色、扭曲的“亚”的一面，而不用担心遭到现实生活中社会圈子的反对或制裁。社群的成员也可以明确感知到，只要对方用户名旁显示“在线”，在互联网的某一个角落，会有一个“虚拟身份”正和自己一样浏览着小组或观看着视频；只要从讨论区中阅读留言和视频评论，即使不跟帖回复，或回复内容离题万里，变成跑题的“歪楼”，那些名称各异的“虚拟身份”都和自己一样是确定存在着的。虽然同伴们虚拟身份的许多方面都是模糊的，大多数成员也没有发展线下的真实交流，甚至一名社群成员不想和那些“虚

〔1〕“Artoria 若紫”的视频日志《那些与土豆相伴的日子》. http://www.tudou.com/home/_38752224.

拟身份”有进一步交往，这种“存在感”的确认对他们来说依然是有意义的，因为这种“存在感”足够使其意识到或确认自己并不孤独。

世界是由错综复杂的边界构成的，它包括把国度与民族界定在一定的空间之内的有形的地理边界，也包括政治、经济和文化差异形成的社会制度、意识形态、价值取向、风俗习惯、民族心理、人文艺术等方面的无形的“观念边界”。在这样的世界中，迷文化展现自身的一个方式就是跨越各种边界，营造越界的狂欢。

跨界的迷文化

字幕组(Fansub group)

《我的火影忍者珍藏档案》的卷首语里写道:“世界各地不分种族、不分肤色、不分国籍、不分语言的《火影》粉丝们,高呼着‘NARUTO’走在了一起”。[1] 当今迷文化的越界之所以发生,新媒介无疑起到了至关重要的作用,以P2P、流媒体技术为核心的新一代网络传输工具的普及,使得大体积视频在网络上传播成为稀松平常的事情。社交网络的盛行,也使汤姆·克鲁斯、苍井空、艾薇儿、Lady Gaga等人都在新浪微博等网络社区中开设“门面”,拉近了他们与中国粉丝之间的距离。《越狱》在中国还没有公开上映,但丝毫不影响美剧迷们在网上追剧,与在美国首播时间相隔不过12个小时;《大长今》在被湖南台购得中国内地首播权之前,韩剧迷们早已经在互联网的论坛上热烈地讨论开来。

“火影迷”创作的书。《火影忍者》的迷们交流剧情,分享彼此的感悟,共玩《火影》Cosplay,写同人小说,出同人漫画等。

国外剧的迷群中最特殊、也最投入的应该是被称做“字幕组”的迷们。“字幕组”来自英文Fansub group,可见其“出身”与迷群的联系,在我国,美剧字幕组和日本动漫字幕组最具规模和影响。他们热衷于翻译国外电视剧,以论坛为核心,用MSN/QQ彼此联系,从提供片源、到翻译校对、直至最后的P2P发布,

〔1〕 挖洞仓鼠,菜猪姐姐.我的火影忍者珍藏档案.北京:中国青年出版社,2007:6.

都各有分工，形成相对严密的组织。他们并不以营利为目的，只是因为自己对某部作品的喜爱以及由此而产生的兴趣。《三联生活周刊》的记者在 VERYCD.COM 上看到，某字幕组出品的《越狱》第二季高清版本竟被下载了 200 多万次。记者感慨“他们的制作能力着实令人瞠目结舌，规模较大的字幕组一周同步连载 20 集美剧不在话下。如果这个数字翻一番，基本上就能覆盖美国四大电视网当周出品的所有连续剧了”。[1] 与字幕组相似的还有近年兴起的网络配音组。2010 年，在开心网、人人网等社交网站上，一系列名为《搞笑漫画日和》的日本动画的中文网络配音版，被众多网友追捧和转载。这股“日和配音风”的源头，可以追溯到年初由“729 网络配音组”出品的《搞笑漫画日和》之《世界末日》，它一经推出，便广受好评，并出现了很多跟风之作。有人评论说：“如果电视上的配音也都像‘世界末日’这个水准的话，那我更愿意看译制片而不是原版。”我们看到，字幕组和网络配音组的出现，都是借助新的媒介技术，打破由文化区隔、传播体制和意识形态壁垒所构成的屏障，具有明显的青年亚文化色彩。这样的迷群活动激发了不同国家间的文化交流，如果说这是一股潜流的话，它或会在特定的时间和空间中汇入全球化背景下跨文化传播的潮流。

《搞笑漫画日和》。《搞笑漫画日和》在网络上因为网络配音组的配音而引起众多网友的追捧和转载。

跨界的力量

迷的跨文化实践已经成为以娱乐业为龙

---

〔1〕 参见：《越狱》的中国隐秘流行. 三联生活周刊，2006(24).

头的文化产业的重要构成，一个显然的事实是，娱乐业的跨国界扩张需要在落地国拥有稳定的市场，偶像的迷群则是这个市场的核心人群。2011年5月31日上午9时51分，新浪微博上“艾薇儿中国歌迷会”发布消息：艾薇儿的Facebook粉丝目前已经达到了2000万啦！为了感谢各位粉丝对她的支持，小艾特别现身穿泳装录制视频感谢大家对她的喜爱！艾薇儿是加拿大摇滚女星，是在中国拥有大量粉丝的外国明星之一。今天，特定的文化现象及其传播所激发、催生的迷群，往往是超越国界的，任何一个国家或地区的一个球星、一个歌星、一个影星、一部作品等，都可能在世界各地不同国家、不同种族、不同语言的族群中拥有大量的粉丝。而在此过程中，互联网成为各种迷群跨文化活动的典型空间，贴吧、歌迷站、网上俱乐部、偶像后援团、博客或微博等，活跃着对来自不同文化背景的迷群对同一偶像、对同一文本、对同一场赛事的关切、热议、追捧、评论，当然也少不了偶像与粉丝之间的互动。截至2011年6月18日凌晨，百度贴吧上的艾薇儿吧已有20 619位艾迷，主题数92 369个，帖子数共计2 241 410。在此之前，截至2011年5月31日凌晨，新浪微博关于艾薇儿粉丝团的注册用户“艾薇儿全球粉丝团”和加V认证的“艾薇儿中国歌迷会”，分别有粉丝102 988和47 552。新浪微博是中国境内使用人群最为广泛的社交网络，所以在新浪微博的艾薇儿粉丝团中中国的粉丝占了绝大部分，但其中也不乏许多世界各地的粉丝。他们交流的内容主要是关于偶像近期的新闻、新专辑发布、演唱会等。当艾薇儿即将发布其第五张专辑时，新浪微博上的“艾薇儿中国歌迷会”立刻发布消息：

> 艾薇儿首谈第五张专辑有8首歌曲已完成将很快发行，艾薇儿昨日在和薇迷网络聊天中谈到下张专辑将会回归到之前好玩、开心的曲风，更多聊天内容请点

击查看 http://t.cn/a94mdm，发布时间 6 月 18 日 10:22。

百度贴吧则给出了艾薇儿与薇迷聊天的具体内容：

问：我们听说你将在今年秋天展开北美的“The Black Star Tour”，是真的吗？

艾薇儿：嗯，应该是这个时间段没错！

问：四张专辑中你最爱哪首歌曲？

艾薇儿：I'm with you.

问：在发行 Goodbye Lullaby 之前，你说过你已经录制了非常多的歌曲，足以发行两张专辑，我们现在非常想知道这些还未经发表的歌曲的状况，将会在什么时候和我们见面呢？

……

问：你在后天的 MMVA 颁奖礼上会唱什么歌？

艾薇儿：What the hell!

如此跨越国界、地域、种族的迷文化现象，诸如中国的美剧迷、韩剧迷、日剧迷，一如美国的姚明迷、韩国的昆曲迷、日本的京剧迷，都见证了全球化背景下迷文化的流动和渗透以及对文化边界的拓展。迷群跨文化实践的一个背景是，跨国资本推动下的媒介产品与娱乐业的对外输出，迷群无疑构成了娱乐市场的超级购买者、核心消费群。2001 年在美国发生的一起事件显示了迷群的跨文化力量，那就是美国粉丝发动的“保卫《遥远星际》战役”。在播出四季后，因为收视率不高，美国 Sci-Fi 频道放弃购买《遥远星际》第五季。粉丝们先在 Sci-Fi 频道所有的一个网络聊天室开了个会，与来自美国、英国、德国、澳大利亚等地的粉丝网友达成一致,《遥远星际》是全世界最棒的电视剧,要发起“保卫《遥远星际》战役”。粉丝自筹资金9000美元在24个尼尔森覆盖地区投放了广告片,在全球7个国家24个城市发布了抗议声明。[1]

在“保卫《遥远星际》战役”中,粉丝们一方面抗议电视台停播,另一方面自愿掏钱为收视率买单,这里面固然显示了经济因素对迷群文化实践的影响,但是正如我们将在下一章着重阐明的那样,迷群关心的不是经济的支撑性力量,而是消费的快感。一个叫“鱼一朵”的粉丝这样写道:

迷群关心的不是经济的支撑性力量,而是消费的快感。

> 我就是没理由地喜欢上了这个有点不按常理出牌的甜妞儿。我喜欢她的穿衣风格,她的音乐,她在自己的声音里唱着自由,向世界宣示着自己对音乐的热爱。
>
> 微博真是个神奇的好地方,在@乐途Lotto新浪微博上我知道:艾薇儿和Lotto签约了,她亲手设计了Avril x Lotto联名系列服饰,还因为这个她要来中国了,来和我息息相关的城市,可能会走我走过的路,看我每天看的风景,也可能,我会见到真实的她。[2]

毫无疑问,乐途品牌的推广利用了艾薇儿的跨国粉丝,但是粉丝们报以欣喜之情的即便是品牌,也是因为它已经成为艾薇儿的一个符号,或者说粉丝们将之转化成了偶像符号体系的构成部分。迷群的跨文化实践也对其他的界限形成冲击,从而释放出另类的文化能量。

---

〔1〕《越狱》的中国隐秘流行.三联生活周刊,2006(24).

〔2〕Cosplay艾薇儿,就这么简单. http://www.haibao.cn/forum/tag/1795/352507.

闪电眼妆、蝴蝶发髻、齐刘海儿、白色长发、浓密到极点的睫毛膏、IPOD屏幕太阳镜、电工太阳镜、胶质涂层、漆皮胸衣、紧身三角裤、立体结构外套、裸色、易拉罐卷发……这些时尚碎片汇成了鲜明的、标签式的美国新锐歌手Lady Gaga的风格化展示。Lady Gaga的粉丝Little Monster(Lady Gaga粉丝的中外通用名,中文译作“小怪兽”)遍布世界各地,不仅热爱她的音乐,更热爱她时尚前卫的个性穿着,Little Monster的行为也同样惊世骇俗,在世界的任何一个街角见到有人酷似Gaga,你一定不要感到吃惊和诧异。

迷群在其偶像崇拜的文化实践中,获得的最大的满足是情感和心理的满足,他们以几近疯狂有时甚至就是疯狂的行为,抹去了横跨在偶像与自身之间的现实屏障,抛弃现实的逻辑而进入情感的想象空间。看看艾薇儿中国行中举行的几场见面会,粉丝们在论坛里那么激动地表达着自己的心情,就可以知道想象的世界如何取代了现实的世界。一个叫“没尾巴的小狐狸”的粉丝写道:

> 音乐节压轴登场的Avril无疑是令人疯狂的,Avril最新专辑《Goodbye Lullaby》的Intro曲《Black Star》点亮了舞台内外的两个大六角星,在西方的传说中六芒星是撒旦的符号,也是力量的象征,这个充满魔力的符号是属于摇滚的标志。夜幕中的会场,耀眼的红色灯光像燃烧的熔岩,靠近便要被融化其中。[1]

跨越阶层、国家和性别

在这样的跨文化迷群现象中,包含着阶层、年龄、性别的认

---

〔1〕 我和艾薇儿面对面. http://blog.sina.com.cn/s/blog_51fc4beb01017tkz.html.

同。《南都周刊》记者周南焱专门对电视剧迷文化阶层进行过深入分析，写成了深度报道。报道指出，与港台剧、日韩剧的受众年龄偏大、主体学历偏低形成鲜明对照的是，美剧迷以年轻的高学历人群为主体，他们的职业大都是在校大学生和公司白领；与传统电视观众相比，他们拥有更多的新媒介资源和文化资源；快节奏的都市生活、高学历的教育背景、良好的外语能力和宽广的国际视野，塑造着他们的文化品位，他们更青睐那些情节紧张，故事性强，制作精良的美剧；同时，美剧作为一种强势文化的代表，它的象征资本和意识形态含义，也使相当一部分美剧迷潜藏着一种与潮流同步、与世界一体的心理优势，这种隐含的全球化幻觉正好符合了当今大学生和年轻都市白领的文化想象。韩剧迷的情况则不一样。AC尼尔森的收视调查数据显示，以在央视播出的家庭生活剧《看了又看》为例，15到35岁之间的收视观众仅仅只有23%，而35岁到45岁的观众占36%，45岁以上的则占了41%，其中女性的收视观众比例为65%。可以说家庭生活剧吸引着众多的中老年妇女，她们大多为家庭主妇，在操持家务之外有着大量的时间。对于她们而言，家庭在她们的生活当中占了极大的比重，她们希望保持家庭的平稳发展。而20岁以上的日剧迷多数是“有闲阶层”的白领女性，她们每天为生活奔忙，但始终对爱情充满憧憬。实际上，日剧承载了这些白领女性日剧迷的大学回忆。[1] 上述分析启发我们，异文化背景下的媒介产品引起中国迷群的迷恋，迷群主体所属的阶层、性别和年龄也自觉或不自觉地透现出来，而不同迷群对所迷对象的选择，实际上植根于由迷群所属的文化阶层和文化类型的性质，如此，迷

〔1〕 周南焱.我为美剧狂——电视剧迷文化阶层分析.南都周刊.2008-06-15.

群所迷的对象实际上构成了确证自身存在的镜像和“他者”。

引发“69圣战”的韩国明星迷。迷群的民族和国家认同有时充满矛盾，因韩国明星迷引发的“69圣战”就是一例。

还要看到，迷群的跨文化交流中，民族和国家认同也构成其重要的内容。譬如，2005年7月，日本出版了一部《嫌韩流》漫画，一个月就售出10万本，一年后售出近30万册。在日本，反韩流网站和博客多达数百个。2011年8月7日，上千名日本民众在东京台场的富士电视台总部外聚集，抗议该台播放大量韩国节目。韩国网民对于日本的“反韩流”回应声称会抵制日本。更早的时候，日本某电视台推出的TV动画因恶搞韩国明星裴勇俊，在韩国遭到了裴勇俊粉丝的集体抵制。在该动画片第五集《僵尸来袭》的场景中，有一具被主人公用狙击枪打倒的僵尸与裴勇俊一模一样，这段视频通过网络传播到韩国后，在韩国的裴勇俊粉丝中引起了轩然大波，呼吁抵制该动画片，并要求电视台停播这部动画片。这些冲突发生在媒介产品的受众之间，却关联着不同的国家民族认同之间的对立，它也许不会影响真正的迷对对方国家的媒介产品和偶像人物的迷恋，但是在特定的时刻，却构成了迷群必须面对的国家民族认同的难题。在我国的网络论坛上，我们也会不时发现日剧迷与韩剧迷之间的冲突，欣赏的趣味、个人的偏好固然是其中重要的因素，但是，对不同民族和国家的情感和认知也是其中不可忽视的方面。譬如在天涯论坛上，网名为“俺表哥是版主”的网民曾发起这样的讨论：为什么日剧迷仇视韩剧，鄙视国产剧？他这样分析：

2002、2003年左右中国仇日之风大盛，日剧很杯具地被株连，而此时韩剧凭其浪漫和狗血风靡中国（其实是东亚）。日剧毕竟是阔别过一段时间，旧贵族和新暴发户之间的冲突就自然而然地发生了，我想这个阶段的日剧迷心里是憋屈的。与在中国荧屏上四处开花的韩剧不同，日剧转战网络成为小众，小众意味着清高，也意味着装13和尖酸刻薄，加上韩剧的确是俗套和狗血，鄙视有了正当的理由再加上现实落差造就的憋屈心理，就升级成了仇视。[1]

这段分析虽然不可避免地带有一定的个人主观色彩，但是却确实触及到了迷群的跨文化实践，不可避免地与国家民族之间的政治、经济与文化的冲突相关联。当然，在冲突的反面，不同的迷群对不同民族和国家文化的接收，其本身具有超越国家民族的政治对立，缓和国家民族的文化对抗之功效。

前面我们已经谈及迷群群体意义上的性别区别或认同，但是就个体而言，单个迷对其偶像的崇拜，则是个人的自我认同和情感依恋，其本质在于对幻想中杰出人物的依恋，这种幻想常被过分的强化或理想化，以至于身心俱往，悄然改变自己的身份，竭尽所能地趋近偶像的形象，甚至跨越了性别的界限。一位名叫派尼欧·达卡拉夫的保加利亚男子打算接受变性手术，成为“山寨版 Lady Gaga”，进军歌坛。台湾地区《苹果日报》援引美国八卦网站报导称，24岁的派尼欧计划接受变性手术，摇身一变成为Lady Gaga的翻版。派尼欧声称：“我很佩服Lady Gaga创造自我的方式，所以当我变性后，我不会只是男人或女

---

〔1〕 http://www.tianya.cn/publicforum/content/funinfo/1/1942913.shtml.

人。"[1]如果说派尼欧的例子是一个极端的话，那么在 Cosplay 的活动中，各种易装扮演就是司空见惯的了。可以说，在迷文化的跨文化实践中，来自不同文化的媒介文本和娱乐产品之所以能引发迷群的狂热追求，一个重要的原因是，文化产品的符号唤起或契合了迷群的认同体验，一些广为传播、受到追捧的对象作为一种符号，往往向我们提示了一些世界性的难题和困境，以及作为亚文化族群们对这些难题和困境的象征性解决方案。譬如，因为日本动漫迷们的使用，一些来自日本动漫的语汇在中国的年轻人中流行起来，像"萝莉""伪娘""宅男""宅女"等语汇，都联系着特定的青年亚文化现象，在很大程度上折射出青少年的成长焦虑与心理诉求，包括对青少年身份与成人身份之间的矛盾和逃避，对性别认同的宽容和焦虑，对现实的人际交往的排拒和恐惧。因此，当这些语汇在迷群中流行进而辐射到整个社会的时候，其所敞露的文化问题已经不只属于动漫的源头，而属于整个接受群体的文化情境。

差异的解读

理性的粉丝

值得注意的是，迷群在对其他国家媒介产品的接受中，并不只是表现出狂热的一面，所迷对象同样也激发着迷们的文化思考。一个网名叫 Wen97 的韩剧迷在自述自己对韩剧的狂热之后，提出了两个令他困惑的问题发在韩剧社区中与大家一起探讨。他的问题是：

> 1. 每部韩剧中几乎都有偷听别人谈话的情景，或

---

[1] http://news.xinhuanet.com/world/2010-09/02/c_12511419.htm.

者是主人公，或者是办公室职员，又或者是学生，反正是常常出现的情景……说明韩国文化对于这样的事是不反对的，或者是认为比较正常的。可在我看来，偷听别人的谈话十分不道德，也不尊重别人的隐私，这样的行为被默许，感到有点可怕。

2. 关于女二。很多韩剧中都有一位恶毒的女二，让观众恨得牙根痒痒，恨不得杀之而后快。可是男猪、女猪一般都善良异常……总是作出常人所不能为的种种宽容举动，而心硬如石的女二居然在最后真的会被感化。是否超乎常人的忍耐是为韩剧倡导的？[1]

男猪、女猪：网络用语，意为“男主角、女主角”。

从这两个问题看，迷们面对异域文化产品并非全盘接受，而是具有建立于仔细观察基础上的理性思考，而且问题提出后引发了众多韩剧迷的思考，参与到论坛对这个帖子的热烈讨论中。如果说第一个问题是 Wen97 基于普遍道德的发问，那么第二个问题则更显示了作者对韩国文化的人格层面积极的认识，表现出某种文化心理的认同，尽管显得不那么肯定。

类似的情况或许更突出的表现在有些迷群更自觉地关注本土文化与异域文化之间的差异，并努力寻求解答。譬如，网上有调查公布了《火影忍者》人物日本人气排名和中国人气排名前 5 差异的情况：《火影忍者》人物在中国的人气排名依次是鸣人、我爱罗、卡卡西、佐助、鼬，在日本的人气排名则依次是佐助、卡卡西、DDL、鸣人、伊鲁卡。一位“火迷”对排名第一的情况是这样分析的：

我想中国人喜欢鸣人大概是因为他有梦想、开朗、

〔1〕 http://www.krdrama.com/bbs/thread—190327—1—1.html.

活泼、倔强、上进。就 mr(鸣人)本身来讲,他本人是一个有血有肉的热血少年,对友谊的重视,对亲情的渴望,特别是对待朋友的那种真诚,无不让我们感动。而且在贴吧里,反对 zz(佐助)拥护 mr(鸣人)的人较多啊……就因为鸣人这种精神,还是支持他吧!

日本少年选择了 zz,可能因为日本少年对于友情并不像中国的少年那样重视,他们比较喜欢力量……不过也可以这样看,其实我个人认为 zz 也很可怜,一直生活在哥哥的阴影下,可能日本人更喜欢他这种靠自己力量的人?(其实还有血轮眼嘛! mr 也没用多少次九尾啊!)在日本弱肉强食是硬道理啊! 也可能日本花痴多? 或者 zz 很久没出现了,大家都怀念他?[1]

对这样的差异如何看待? 接下来我们以《绯闻少女》(Gossip Girl)的中美粉丝对青年亚文化接收的差异比较为个案进行更为集中的分析。

美国青年偶像剧《绯闻少女》2007 年 9 月 16 日在 CW 电视台首播第一季,2010 年 5 月第三季结束播放,2010 年 9 月第四季开播。剧情主要展示的是纽约上东区贵族富家子弟的生活面貌,反映他们从高中到大学成长过程中发生的变化。有关他们生活的所有消息都来源于一位网名叫“Gossip Girl”的神秘人物的 Blog。没有人知道这位“绯闻女孩”的真实身份,但是在这个复杂的富家子弟关系圈里,每个人都依赖她发送的手机短信或者网上留言来获得第一手独家信息。剧中主要角色有任性叛逆、因为闯祸刚从寄宿学校归来的 Serena 和她的好友兼偶尔的敌人 Blair——诡计多端、霸道嚣张的高中女王;还有混世恶魔

〔1〕 http://sobar.soso.com/t/81664384.

Chuck 和他的死党 Nate，一个拼命想挣脱父母束缚找到自我的公子哥儿；也有来自布鲁克林平民区、看不惯上层社会腐败奢华的文艺青年 Dan 和他那一心想和富家女成为朋友的妹妹 Jenny。对于还是学生的他们来说，喝酒、吸毒、滥交、狂欢派对和相互倾轧，就像喝白开水一样是稀松平常的事情。这些青年亚文化的内容，形成了这部作品传递的文化信息中最为突出的部分，也是该剧故事情节构成的主要元素，其戏剧冲突主要集中于三个方面：一是与父母长辈之间的斗争——吸毒、辍学出走、师生恋；二是人物之间友情爱情的发展——背叛、同性恋、混乱的性行为；三是贵族与平民之间的阶层矛盾——不公、阴谋、丑闻。所有这些也正是激发粉丝们热烈讨论的内容。

美剧《绯闻少女》的海报。《绯闻少女》在中国和美国都引起青少年观众的追捧，其间的亚文化内容引起的反应则不相同。

《绯闻少女》在美国和中国都有大量的青少年观众，借助互联网，中国“绯迷”们的观看几乎与美国同步。那么，对剧中的青年亚文化内容，中美粉丝们到底持一种什么样的观看态度？中美粉丝对待同样的现象看法是否一致呢？如果有差异，其具体表现和背后原因是什么？在全球化的大背景下，这种跨文化的解读意味着什么？

我们从美国和中国选取了关于这部连续剧的两个最大的论坛来搜集相关资料：即美国 TV-fanatic 网站的 Gossip Girl Forum，中国的 Gossip Girl 绯闻少女中文网的论坛，以此进行观察和分析。笔者在每季结束后随机选取一周的帖子及其回复帖子作为样本，搜集了 3904 篇美国粉丝的帖子，3414 篇中国粉丝的帖子。[1]

个性追求与家庭和谐

在笔者搜集的3904篇美国粉丝的帖子当中，涉及主人公父母家庭话题的帖子有121篇，占0.03%，3414篇中国粉丝的帖子中，涉及这类话题的帖子有247篇，占0.07%。由此可见，中美粉丝对剧中人物与他们父母之间关系的关注并不多，比较而言，中国粉丝的关注程度稍微大一点。虽然所占比例较少，但是我们注意到，在对待同样的问题上，中美粉丝的看法可谓截然不同，因此耐人寻味。

在对待同样的问题上，中美粉丝的看法可谓截然不同，因此耐人寻味。

在子女与父母的关系上，美国粉丝普遍认为子女的成长与父母并没有太大关系，父母与子女的地位是平等的，他们都有平等的权利。比如剧中的 Chuck 与其父亲 Bart 的关系冷淡，Bart 是个事业有成的男人，而 Chuck 则是个精通吃喝玩乐的公子哥，在父亲突然去世后，Chuck 用继承的财产开了一间色情俱乐部。对 Chuck 的这一举动，美国粉丝持批判态度，他们不喜欢 Chuck 油头粉脸的贵公子样，对他阴阳怪气的腔调以及只会喝酒与和女人打交道的本领嗤之以鼻。美粉 Jasmine 说："如果我是一个英俊又有魅力的老狐狸，而我的儿子却是那样，除了把他当一只没用的小狗那样溺死之外我还能怎样呢？"[2]名为 Peonies 的粉丝则更直接地指出："他让他的父亲感到羞耻。"他们觉得跟父亲相比，Chuck 一无是处，他应该有自己的追求而不是整天一副娘娘腔。中国粉丝对

---

〔1〕 两个论坛分别是：TV Fanatic 论坛 http://www.tvfanatic.com/forum/gossip-girl/general-discussion/和绯闻少女中文网。选取的三个时间段分别为2008年5月18日—24日，2009年5月24日—30日，2010年5月18日—24日。

〔2〕 所引美国粉丝的话语，均系对来自论坛的英文的翻译，限于篇幅，原文略去。剧中人物和粉丝代号的名称保留了英文。

Chuck 则是抱有一种宽容的态度。粉丝天使安妮说:“Chuck 是个悲剧的男人,从小以为自己的妈妈是因为生自己难产而死,Bart 叔很喜欢这个儿子,但是不懂得表达。”粉丝牛奶宝贝说:“可怜的 Chuck 又要再次被打击了,有点不忍心看编剧一次次伤害这个小孩儿了。”中国粉丝因为他不幸的家庭背景,因为他缺少父母的关爱而原谅了他的纨绔子弟作风。又如,剧中少女 Jenny 偷礼服、贩毒,而父亲 Rufus 因为忙于自己的爱情对此一无所知。中国粉丝批判 Rufus 大叔“是个胸无大志的家庭煮夫,纵容自己教而不善的女儿”,而美国粉丝则认为“Jenny 是剧中唯一有自己个性的人”。中国粉丝对 Serena 的妈妈 Lily 极度称赞,不仅因为其高贵端庄,更重要的是她为自己的子女付出很多甚至牺牲个人的幸福。粉线 CX 的恐龙说:“在她眼中,儿女是最重要的。”备受父母保护的中国青年一代潜意识里觉得子女的成长与父母的关心照顾有着必然的联系。美国粉丝则并不在乎 Lily 的伟大母爱,粉丝 Lain 说:“Lily 是个优雅的大众情人,Bart 给她的企业帝国远比不上 Rufus 的爱。”而粉丝 M. plz 则质问:“谁能告诉我 Lily 爱的到底是谁?”美国粉丝在乎的只是有过 5 次婚姻经历的 Lily 最终能否得到真爱。

与看待子女与父母关系的态度直接相关的是对代际矛盾发生时解决方式的态度。剧中的主人公 Serena 为了引起自己父亲的注意,故意酗酒、酒后乱性、甚至不惜骑马摔伤自己。这种极端的方式得到美国粉丝的赞赏,一方面他们觉得 Serena 这个人物不仅是个高挑有魅力的性感女孩而且还很勇敢,敢于去追回自己的父爱;另一方面,这种刺激精彩的画面大大增加了剧情的可看度。粉丝 LoveGG4ever 说:“S 很可爱很勇敢,希望她的父亲可以理解她,S 有她自己的风格。”中国粉丝却对这个人物的表现很失望,认为 Serena 过于冲动,没有大脑,只是个不会思考的长腿美女。中国粉丝 CCQ1619 的评价很有代表性,她认为

Serena“像个傻大姐一样，身边的男人一个又一个换个不停，生活乱七八糟毫无目的……真希望编剧不要把她编得太乱，否则无法接受了”。

包含在上述冲突之中的，实际上是价值观念的冲突，它在中美粉丝中引起的不同反应，也反映了粉丝们所持守的价值观的不同。剧中的 Jenny 是一个有时装设计天赋的中学生，她很期待能与富家女 Blair 成为好朋友，碰巧后者的母亲是一个知名的服装设计师。Jenny 偶然有机会去 Blair 母亲的时装公司做暑期实习生。她的父亲因其年龄太小极力反对她辍学去就业，Jenny 离家出走，并企图断绝与 Rufus 的父女关系。美国粉丝为 Jenny 的举动大声欢呼，支持她为了自己的理想而奋斗，就像粉丝 Jovan 说的，“Jenny 知道自己想要什么并为之奋斗，我爱她”。中国粉丝则认为 Jenny 很荒唐，不听父亲劝告，Jenny 想做设计师的梦想在中国粉丝眼里只是一个小女孩妄想挤入上流社会的白日梦而已，以至于粉丝 Tulip0209 很直接地评价 Jenny 是“肉的理想，白菜的命”。

从以上中美粉丝对代际冲突的不同观点可以看出，对于剧中青少年为了反抗父辈而做出的极端行为，美国粉丝基本上都持赞同的态度，把一片欢呼声给了叛逆的主人公们，欢呼他们任性地抵抗父母的权威。但是，我们应该看到，“任何亚文化都注定要分享主体文化的一些主要价值，这是因为亚文化实际上是一种社会所容忍的偏离，一种缺乏毁灭性的偏离”[1]。在剧中人物的叛逆之举中，潜隐着美国社会文化价值的主导方向，那就是“信奉个人主义和持续不断的寻找共同

〔1〕 康斯坦丁．亚文化与青年文化．青年探索，1990(5)．

的和群体的生活的冲突是美国社会和文化特性的核心”[1]。美国青少年受这种观念的影响，迫切地想要彰显自己的个性，不惜以越轨行为作为手段，性、暴力、毒品成为他们表达自己独立欲望的方式。一部分美国粉丝们对这些的认同，进一步折射出美国青年亚文化的方式和价值观所据以产生的社会文化土壤。美国粉丝主要从个人特质的发展角度看待人物的命运，对他们来说个人特质的体现非常重要；而中国粉丝则是从家庭和谐的视角来观看剧情的发展。中国粉丝们对代际冲突中青年亚文化的反应表明，虽然他们也能在一定程度上认同叛逆个性的表达，但在根本上对父母长辈的约束会持顺从的态度，也就是说，有叛逆的想法是可以理解的，但不应有过分的举动。这同样折射出中国文化传统的观念，对待父母要尊重，要恪守孝道，要听从长辈的安排；青少年的人生观价值观与长辈不应有太大的分歧，子女的成长也离不开父母的教导和指引。

认同与“他者”

情爱的冲突是任何一部偶像剧成功的要素，其所占的戏份通常都很大，爱情与友谊对于青少年来说几乎就是人生的主题。《绯闻少女》中人物的恋爱关系非常复杂，六个主要人物之间都相互产生过爱情。剧中人物之间的交友与爱情是粉丝们关注的重点，从统计结果看，也是占比重最大的。美国粉丝有关这部分的讨论帖子共有 2833 篇占总数的 47.9%，其中关于异性恋爱的占 36.4%共有 1033 篇，同性恋的占 28.5%共有 810 篇，友情讨论帖子数量占 11.5%共 326 篇。中国粉丝论坛有关这部分的讨论帖子有 1662 篇占总数的 48%，其中异性恋爱占 61.6%

---

〔1〕 鲁斯·罗森．找寻昨天——关于美国肥皂剧．北京电影学院学报，2001(2)．

共1025篇，同性恋占其中24.6%共410篇，友情帖占12.5%共209篇。由于剧中的人物性格不同，背景不同，粉丝们对他们的偏爱也有所不同，支持同一对的粉丝形成各自的小团体，在论坛里表达着对自己所关注的恋人的美好期待和祝福。

美国粉丝支持最多的异性恋配对是忧郁贵公子Nate和贫民叛逆小女子Jenny，理由是两个人背景差异大，性格反差大。在美粉看来，这样的配对才会产生令人炫目的火花。美国粉丝DT说"Nate和Jenny在一起的时候会显得更加风趣点"。粉丝Aussies LOV GG说："Nate和Serena太过于相似了，Jenny会激发Nate狂野的一面，而同时Nate可以安抚Jenny，让她变得理智冷静从而更讨人喜欢。"而这一对恰恰是中国粉丝最反对的，因为中国粉丝对Jenny的人品和外貌十分反感，认为这个来自普通阶层的小女孩心机太重，爱耍手段，任性又爱慕虚荣。剧中的Nate是一个帅气的富家公子，虽一心想挣脱父母的牢笼过自己想过的生活，但本质温柔又有亲和力。在中国粉丝看来，这样的王子应该和公主在一起，能配得上他的就只有单纯简单的同时有着上流社会背景的Serena。粉丝乐乐乐说："Nate和Serena在一起的时候，笑得是那么开心灿烂，两人从小在一个圈子长大，彼此熟悉了解，再配不过啦！"

中国粉丝大力支持的是剧中的另一对Chuck和Blair。混世魔王Chuck和霸道女王Blair在中国粉丝的眼中是绝配，不论身份地位、家庭背景，还是两人的性格以及为人处世的方法。剧中两个人总是打打闹闹，互相折磨对方，相爱的同时又彼此利用。这样的组合在中国粉丝的眼里充满了魅力，他们之间那种充满挑战和不确定性的爱吸引了无数中国粉丝。粉丝zhangyi0802说："恶魔与女王相爱是吸引我们看下去的动力。"粉丝薇安之齿说："Blair不知道自己的幸福就是和Chuck之间那种邪恶的算计。"粉丝们大量搜集两人的图片，甚至希望演员在现实生活中也可以成为一对，她们大肆抨击剧中 Vanessa 的扮演者，因为她是扮演 Chuck 演员的真实女友。而这一对恰恰是美国粉丝最反对的，理由是编剧让 Blair 为 Chuck 付出改变了太多，使得 Blair 这个角色失去了自己的特点。美国粉丝 Jess108 说："在 Chuck 眼里，自己不论对 Blair 做了什么坏事，只要一个温柔浪漫的举动就可以弥补……但是，你知道吗？最浪漫的举动就是你需要学会如何尊重和关心别人。"

《绯闻少女》中表现了美国上流社会的青少年缺少父母时时刻刻的关爱，同龄人之间的伙伴关系是他们的精神寄托和依靠。他们的情爱、友谊关系中本身包含着许多反叛的因素甚至越轨的行为，对他们所处的主流社会的情感逻辑和价值取向，都构成一定的威胁，因而，情爱和友谊关系在他们这里也构成了其亚文化表达的一个重要部分。美国粉丝和中国粉丝对剧中这部分冲突的不同反应，同样映射了文化传统和价值取向上的差异。

美国粉丝对忧郁贵公子 Nate 和贫民叛逆小女子 Jenny 的热烈追捧，表面看起来是强调性格的差异、碰撞与互补，其背后潜隐的则是爱情对阶层与等级的超越，在这一点上，美国粉丝甚至表现出一种古典浪漫主义的审美倾向。相对而言，反对 Nate 和 Jenny 的中国粉丝则更加现实一些，他们更多地持守"门当户对"与"琴瑟和谐"的爱情观念来看待剧中的情爱关系及其冲突，而对 Jenny 的野心和在奋斗中显示出的个人主义价值观则抱以漠视和否认的态度。中国粉丝大力支持而美国粉丝竭力反对 Chuck 和 Blair 之间的情爱关系，原因其实与上面我们所分析的一致。当然，在中国粉丝对 Chuck 和 Blair 的赞同里，除了对相爱双方一致性、相互般配的看重，也有对浪漫的色彩和对青春反叛的热情；而美国粉丝的反对，则基于爱不应该是一个人对另一个人的趋附或改变，而应该是相互的尊重和独立性的保持。

因此，我们看到，在对剧中情爱冲突的解读中，中美粉丝间

在对剧中情爱冲突的解读中，中美粉丝间表现出的差异，其根本所在即是个人主义在人与人的关系中究竟处于什么位置。

表现出的差异，其根本所在即是个人主义在人与人的关系中究竟处于什么位置。正如有论者指出的，青年亚文化聚焦了个人主义和群体主义的价值冲突。青年亚文化的个人主义之独特性在于，它渴望超越他人的引导，而完全尊崇自我意识的引导。[1]《绯闻少女》中的所有复杂的情爱关系，从不同的侧面反映了这一青年亚文化的价值取向。对这一价值取向的解读，如果说，美国粉丝更多的是获得一种价值认同，那么，中国粉丝则在这里将其当做了争辩自身文化归属和价值的“他者”。我们看到，要求感情的发展不以个人的牺牲为代价，每个人都是独立而特殊的个体，正是因为这种个性的不同才会使人相互吸引，形成了美国粉丝解读的基础。而中国粉丝强调的是包容、理解和妥协，是两个人之间经历了曲折之后的和谐。

尽管我们看到了上述差异，但是对剧中情爱冲突的另一个方面，则表现了中美粉丝的某种一致性，那就是与同性恋相关的方面。从数据上来看，美国粉丝对异性恋、同性恋关注的分布要平均一点，而中国粉丝更倾向于关注异性恋。但是，在对剧中唯一的一个同性恋 Serena 的弟弟 Eric 的态度上，中美粉丝都没有表现出排斥的倾向，对剧中涉及的姐弟恋、同性恋、师生恋等与社会常规相违背、具有越轨性质的恋情，中美粉丝都没有采取歧视的态度，没有道德批判、人格歧视，也没有热烈赞成、积极拥护或深表同情，而是表现出宽容的姿态。美国粉丝 Declare 谈及同性之爱时表示：“为什么一定要男女配呢？Dan 是那么男人，Nate 是那么羞涩，难道你们不觉得他们俩应该是一对么？”粉丝 Tania 说：“Nate 在 Chuck 怀里会更加安全。”中国粉丝相对来说要含蓄一些，对剧中出现的同性之吻，粉丝流苏表示：“如果 Chuck 最后发现自己是个 gay，那绝对是个新的看点。”粉丝八姑

[1] 任翔. 青年亚文化与价值冲突. 中国青年政治学院学报，2006(6).

和香则说:"Chuck 的男男之吻真是太可爱了,不过可惜男主角不够帅,委屈了腼腆的小 C。"

从美国粉丝的角度看,他们分享了自上世纪 60 年代以来美国社会性别革命和女权主义运动的成果,个人的情爱和性别价值取向得到了比较充分的尊重。从中国粉丝这个角度看,或许表明,随着中国的开放和卷入全球化,随着中西方文化的碰撞、交流,极具亚文化色彩的情爱观在年轻人当中得到理解,甚至能够与之认同。

人情世故与"非分之想"

社会阶层是指社会成员在一个社会等级体系或分层系统中的等级位置,它往往被分解成三个相关的方面:政治地位(权力)、经济地位(财富)和社会地位(声望)。《绯闻少女》虽然反映的主要是美国上流社会家庭的子女们的生活,但是,这些少男少女们在生活中都或多或少地涉入其他社会阶层,来自其他社会阶层的青年带来了他们生活的重要内容,如剧中来自底层的 Jenny,Dan 等,都在剧情发展和变化中扮演着重要的角色。因此,阶层之间的冲突在所难免,并主要借助于婚姻、爱情、学校教育表现出来。

相比较于前两个方面,粉丝们着眼于阶层冲突的讨论,总体上要少得多。而中美粉丝对此关注的程度也有很大的差异,中国粉丝涉及有关这方面讨论的帖子有 689 篇,占总数的 20%,而美国粉丝对此的讨论只有 54 篇,0.01%都不到。从量化的角度看,或可以说,美国粉丝对阶层及其间冲突的意识远逊于中国粉丝,似乎他们并不关心人物的社会等级秩序。这或许在很大程度上是因为,《绯闻少女》表现的人物及其生活与其受众所处的阶层比较接近,即都主要属于美国中产阶级社会,因此,对剧中的阶层冲突美国粉丝显得见惯不怪。譬如,54 篇帖子中,有几篇是针对剧中 Nate 的表哥 Trip 竞选议员时发生的丑闻的，粉丝们并没有直接表达自己的观点，只把它视为理所当然，就像美国粉丝 AL 所说的“丑闻伴随政治而生”那样。而就中国的情形而言，中产阶级还是一种生成之中的社会阶层，无论是在经济、政治还是文化方面，都尚未形成稳定、重要的社会影响力，在这样的情况下，剧中关于阶层的冲突对中国粉丝来说，具有很大程度上的“异质性”，因而对之更加关注，也就不难理解了。

尽管数量较少，但就性质而言，中国粉丝与美国粉丝对阶层冲突的读解，同样存在着很大的差异，值得我们关注。

中国粉丝关于阶层冲突的讨论主要集中在 Rufus 一家身上。Rufus 在与 Serena 的妈妈、完美女人 Lily 结婚后，处于社会底层的这一家人从布鲁克林搬去了纽约上东区，进入了贵族圈。剧中设置的这一情节，不过是追逐财富和地位的故事与追求爱情的故事相交织的老套，包含着打破门第贵贱的想象和期待，阶层的冲突被作为故事的起点，冲突的弥合则是其最终的目标。故事的重点在于 Rufus 与 Lily 的结合引发的子女们之间的复杂关系，在这样的复杂的关系中，青年亚文化的行为方式，或许正如美国学者所说的，“不能被看做一种抵抗形式，充其量只是一种自由选择的表达”[1]。但是，中国粉丝注意的不是这种“自由选择的表达”，而更注重从实际的世俗人情加以解读。他们不喜欢 Dan，Jenny 和 Rufus 组成的家庭，认为 Rufus 成了一个靠女人吃饭的没用的老男人，原本那个摇滚帅气的老爸为了爱情变得毫无事业心，也不管自己孩子的死活。粉丝 Su1011 抱怨“Rufus 终于跟了 Lily，然后没事吃吃醋，怀疑自己老婆，整个一小媳妇的样”。Rufus 的儿子 Dan 与 Serena 的爱情也不被看好，遭到中

〔1〕 Ken Gelder and Sarah Thornton. *The Subcultures Reader*. London：Routledge，1997：190.

国粉丝的反对。粉丝 Flying 说:“生活在两个不同阶层的人毕竟还是有不一样的生活方式,纵然 Serena 在 Dan 的面前可以柔软得没有一丝上层的味道,但是 Serena 却始终是镁光灯下的人。在短时间内,两人可以互相谦让,但是长期来看,这种生活方式上的冲突不可避免。”这些都表明,中国粉丝将社会阶层的分野和界限视为一种稳固的难以撼动的存在,以一种更为现实的态度对待任何跨越阶层的“非分之想”。

中国粉丝将社会阶层的分野和界限视为一种稳固的难以撼动的存在,以一种更为现实的态度对待任何跨越阶层的“非分之想”。

相比较而言,美国粉丝似乎更支持“非分之想”。剧中,为了 Dan,他的老师 Rachel 被任性的 Blair 陷害失去了工作,Dan 与老师 Rachel 发展了一段短暂的师生恋,好男孩 Dan 的举动是一种无声的反抗,抗拒着上层社会的霸道。美国粉丝对此大呼过瘾,专门为 Dan 和 Rachel 发帖甚至还成立后援团表示支持。这段恋情最终被 Dan 的父亲制止之后,粉丝们依然没有罢休还期待后面的剧情会再次出现二人的结合。与此相应的是,美国粉丝对阶层冲突中暴露的社会公正问题予以强烈的关注。成绩优异的 Dan,在申请耶鲁时,因为不肯爆料自己贵族好友的私生活而被知名作家拒绝写推荐信。但是经常翘课,甚至不去参加 SAT 考试的 Serena,Chuck 等一帮人却只需参加一个聚会就能去上最好的大学,而当事人本身却还不稀罕这样的机会。美国粉丝对这样的不公平深表同情。同时,因为对 Dan 的平民身份的同情和他所遭受的不公待遇的愤慨,使得编剧安排剧情中 Dan 的父亲拥有一间画廊和咖啡店时,被粉丝视为粉饰太平、掩盖现实的举措,并表示非常不满,粉丝 Suki 说:“穷人不会拥有画廊和咖啡店,他们也不会住一间看起来像一架飞机一样的阁楼。”美国粉丝们这种明显站在弱者的立场上,捍卫他们的权利的态度是不言自明的。

如何看待上述两国粉丝在阶层冲突上的差异呢?费孝通先生对中西社会结构的比较,或许可以给我们带来启示。他指出,西方的社会结构是一种“团体格局”，团体是有一定的界限的，并且分界很清晰，即群己关系明确，强调的是平等和个人的权利；中国社会结构则是“差异格局”，群己关系没有明确的界分，人情、关系具有特别重要的意义。[1] 我们看到，美国粉丝对阶层冲突中的不公平现象比较敏感，基本持支持弱者、反抗强权的态度；中国粉丝更在意的是“守本分”和接受现实，基本上没有权利平等的意识，更谈不上去捍卫弱者的权利。

跨文化的迷

比较中美粉丝群对剧中青年亚文化现象的解读，我们发现，美国粉丝对其间的青年亚文化有着比较充分的认同，同时基本上遵循着美国社会主文化的价值传统；相比较而言，中国粉丝在对其间的青年亚文化接受中，并没有表现出惊世骇俗、离经叛道式的认同，而更多的是将其作为一个“他者”，建构了自身的文化归属。

因为有文化背景的差异，美国粉丝与中国粉丝看待该剧的角度不同导致看法不一样。美国粉丝在乎的是人物各自的成长，而中国粉丝在乎每个家庭最后的结局。为了增强真实性，该剧中出现的地点、场所、背景甚至是客串的明星都是现实中被大众所熟悉的，电视剧里虚构美化的一些情节在美国青少年粉丝看来是虚伪的，他们熟知现实中并没有这么美好，该剧对一些亚文化现象的叙述对他们而言还不够真实。所以有些粉丝会抨击编剧，直接指出剧情的虚假之处；有的粉丝借恶搞剧情来讽刺该剧；还有些粉丝认为既然这是一部剧，那么越“乱”才越好看，只有充分刺激了观众的眼球，才能满足观众娱乐的心理。剧中涉

[1] 费孝通.乡土中国生育制度.北京:北京大学出版社,1998:217.

及越轨的剧情对中国粉丝有吸引力但却不是他们关注的重点，由于自己潜意识里的文化观念的影响，中国粉丝难以按其原貌接受和认同其间的风格、价值观念、信仰、制度和行为方式。他们不理解为什么剧中人物之间的爱情来去那么短暂？为什么吸毒犯罪那么严重的错误却可以那么轻易地发生？《绯闻少女》的剧中人物对于有着不同文化背景的中国粉丝来说都是另一个世界的“他者”，于是，他们在解读剧情的时候，粉丝们干脆植入了本土文化观念，重构了一个符合自己文化思维的剧情来解决这个矛盾。所以他们选择只关注 Chuck 与 Blair 的爱情，或者是 Jenny 和父亲的关系发展等。

中日漫画迷举行交流和表演活动的海报。在全球化的背景下，不同国家之间的亚文化交流日益频繁。

应该看到，这部剧情是以青年亚文化现象为噱头吸引青少年粉丝的，但是剧中所有的这些越轨现象最终都得到了修正。剧中 Serena 之前酗酒但是为了 Dan 而愿意改掉一切坏习惯；Jenny 最终为了亲情不再偷卖毒品；放荡不羁的 Chuck 还是听了继母 Lily 的话回到了亲人身边等，所有这些行为都有轰轰烈烈的开头，也都有适时终止的结尾，青年亚文化最终都回归主流。不管剧中年少的主人公多么叛逆，都会被亲人长辈劝服而回归正途。个人的贪婪和欲望与家庭的最高利益冲突，道德错误可以得到容忍，但却不能永远得以宽恕。只要罪人向共同生活的社会这个观念本身低头认错他们就可以回归，就可以得到挽救。每个情节线结束时，所有的冲突都得到解决，使社会和家庭的传统价值观念再次得到肯定。[1] 美国青年粉丝对这种亚文化和主流文化之间冲突的反应比中国粉丝更加激烈，不甘心剧中所体现的这种臣服。相比较而言中国粉丝并没有那么偏激，中国粉丝可以适应美剧中的幽默大胆刺激和跳跃性，却很难大范围地理解和接受它所包含的那种社会意识、文化价值观，既定的文化身份赋予了个体道德、文化与精神的方向感，使其据以判定什么是好的或者有价值的，或者应该赞同什么或者反对什么。在跨文化传播所展示的多元文化并立与交相作用下，文化冲突正进入文化中人的心灵深处，文化身份的体认将越来越困难。[2] 中国粉丝面对西方亚文化表现出一种出于好奇而想接近的心理，但潜意识里又有本土传统文化观念的抵制，也是在这个意义上，他们似乎比美国粉丝更能接受剧中青年亚文化的最终归属——向主流文化低头。

我们还需要充分注意，互联网的即时性、多样性和互动性在很大程度上便捷了跨文化传播行为，网络社区恰好提供了青少年粉丝一个表达自我、寻求认同和归属感的平台，也因此带来了跨文化传播和接受的新特点。面对外来文化(包括其间的亚文化)，观看《绯闻少女》的中国粉丝们的反应虽然烙上了本土文化的印记，但也向我们证明了他们开放的接受态度。有专家指出，中国美剧迷的标准形象包括：18－30 岁年轻人，受过良好教育，其中一部分是在校学生，高校校园网络加上走出家庭生活氛围等于重度依赖网络影视资源。[3] 这样的一个群体在思想观念上是前卫的，他们大多数都能接受开放的奇异的思想，任何一种

[1] 胡疆锋.意识形态　媒体　商品——亚文化的收编方式.现代传播，2009(1).
[2] 单波，王金礼.跨文化传播的文化伦理.新闻与传播研究，2005(1).
[3] 钟道荣.海外电视剧收看行为研究.中国广播电视学刊，2004(4).

观念他们都能很快地适应。对于剧中的亚文化现象，中国粉丝的褒贬不一，显示出认同范围在渐渐变大过程中的徘徊。当然，接受和适应是一回事，完全服从和根本上改变是另一回事。就像观看《绯闻少女》的中国粉丝可以理解 Serena 不懂事的时候酗酒吸毒，却还是希望看到她可以彻底改变并找到自己的幸福；理解 Jenny 离家出走追寻自己的梦想，却还是希望她最终回到父亲和哥哥的身边一家团圆；理解剧中混乱的恋爱关系，但最终还是祈祷有情人终成眷属。这也就表明，在经济与传媒的全球化格局下，理性的文化交往成为一种明智的选择。正如有论者指出的，尊重文化上的"他者"的主体性，尊重其他民族的文化特性，保持文化的多样性等，似乎已经成为现代文化交往的一般信条。[1] 各自的文化传统、社会制度方面的差异，会在这种跨文化交流中得以显露，同时也得到理解，从而为相互的借鉴、融合、修正提供了广阔的可能性。

〔1〕 谭诚训.媒介传播中的文化差异与文化意识.中国青年政治学院报，2007(2).

各种迷的客体对象都为思想处在“断乳期”的青少年群体提供着各种各样的精神慰藉，从而在这个群体中培育出忠诚的迷群，迷群自身的文化实践形成了有别于大众文化而极具亚文化特性的迷文化。然而，在迷文化的形成过程中，有一种力量自始至终悄然介入其间，那就是商业的力量。

迷的消费与生产

借力与冲突

一个显见的事实是，与迷文化密不可分的是娱乐业。娱乐已成为媒介运作的支撑性内容，几乎所有的纸质媒体都开辟了娱乐版，电视媒体与纸质媒体相比，更善于利用自己的声画传播优势，明星参与录制的偶像剧、综艺节目等层出不穷。耀眼的星光背后，存在着一条复杂的明星生产流水线，在流水线上一系列的生产作业中，媒介作为联系明星和迷群的纽带发挥着重要作用。艺人的形象只有通过大众传播媒介才有可能为迷群所接受，迷群也主要通过媒介的传播来获取有关偶像的信息。由此，媒介不仅塑造了偶像形象，而且催生了迷群及其文化实践。

在2005年上海电视节“白玉兰论坛”举办的《媒体和艺人经纪》专场中，中国香港无线电视制作资源副总监乐易玲女士谈到，一个艺人能够成功地为观众所认识、认可和欢迎，要经过很多的部门联手合作栽培，如周润发、刘德华、张国荣等天王巨星，都是由无线一步一步培养出来的。她还介绍说，无线公司内部分有艺员部、创作部、制作部等多个部门，各司其职，艺员部要指导艺员包装形象，提供他们工作的安排和推广，创作部和制作部会根据艺人不同的情况和潜力，量身定做一些电影或电视剧角色。还有其他一些部门分管其他职责，包括通过采用专业的技术手段，将艺人的角色塑造成功，在多处档期的时段进行宣传，能够让艺人在其他的节目亮相。[1] 在这样一个系统的、全方位的包装支持下，艺人被打造成光芒四射的明星，从而很容易为观众所接受，吸引着粉丝的追捧。

---

〔1〕 电视论坛《媒体和艺人经纪》直播实录.http://sh.sina.com.cn/20040608/102932566.shtml.

就现在的形势而言，媒介造星的手段与之前相比较，并没有多少改变。首先，控制大众传播机构的社会力量，通过大众传播媒介挑选出具有潜质的偶像原型，并为其设定理想的迷群；其次，为选中的原型量身定制电视剧或电影中的角色，或是演唱某一类型的歌曲，使其获得本身形象和角色形象的双重认可，进而吸引更多的粉丝追捧；最后，借助大众传播媒介进行宣传和推广，举办首映式、歌友会、见面会，参加综艺节目等，增加曝光度，塑造亲民友善的明星形象，形成固定的粉丝团。如果说以往的媒介造星是从专业艺术院校摇篮开始培养，着重于艺人本身的资质和演艺生涯的历练，那么当代的娱乐媒介在造星的过程中，纳入了“造迷”的环节，正如前一章已经述及的，通过选秀节目等带有营利性质的活动平台，媒介在推出明星或潜在的明星的同时，注重吸引公众的关注，并通过相应机制的运作，从中培育出忠实的观众，使之成为粉丝，并由他们追捧不同的明星，最终确立选择受大众喜爱或者说更具市场号召力的有潜质的明星。这方面，湖南卫视的《超级女声》不仅是始作俑者，而且大获成功。

2005 年湖南卫视举办的《超级女声》选秀活动不仅吸引了全国大约 15 万女性报名参加海选，而且吸引了超过 4 亿不同年龄段的观众收看，主办方湖南卫视也从广告和短信中斩获巨额利润。[1] 选手李宇春成功夺冠后，太合麦田唱片公司签下了李宇春，并于 2006 年推出李宇春的个人首张专辑《皇后与梦想》，专辑年度销量达到 137 万张，创造了 2006 年华语乐坛的销量纪录。[2] 此后，在天娱和湖南卫视的全力打造之下，李宇春发专辑、出写真、开个唱、演电影、做代言、行慈善，逐渐从一位选秀出

〔1〕 钱庆．超级女声火暴荧屏的秘密——5城市观众调查．市场研究，2005(9)．

〔2〕 参见 http://www.hywh518.com/starview.asp? pid=434．

身的“民星”成长为一颗活跃于华语乐坛的璀璨明珠，成为当代中国最具标志性的人物之一。

前面我们已经通过《超级女声》的案例，看到了迷群的话语权的支配和左右媒介的力量。如果说在李宇春的成功之路上，夺冠之前“玉米”们与媒介的携手合力将她推向了娱乐空间的显著位置，那么，在她成名之后的每一步，忠实的“玉米”同样成为她开拓疆土的坚实后盾。也因此，迷群的力量及其释放的过程实际上被纳入到与明星关联的娱乐市场机制运作之中。当我们将迷群从大赛的情境中拉开，从粉丝与偶像单一的、想象的关系中拉开，而置于更为复杂的、现实的背景之中，我们就会发现，迷群的存在及其活动实际上满足了娱乐业高度膨胀、不断扩张的欲望，迷群的话语权的给予和行使，实际上服务于以媒介的文化生产为中心的娱乐市场之需要，也就是说媒介及娱乐产业借迷群之力实现自身的利益目标。

“为星民服务”的粉丝公社。2007年后，在各地陆续开起了粉丝公社，瞄准粉丝群体，专门销售明星偶像用品。

在市场经济条件下，媒介作为娱乐经济的发动机，不可避免地要遵循商品生产和交换规则行事，其中扩大发行量、提高收视率是媒体以及利益相关方孜孜以求的目标。这一目标的实现在很大程度上取决于对注意力经济的掌控，也就是最大限度地吸引受众的注意力，拉动明星消费经济，通过笼络更多的粉丝群体以期获得最大的商业利益。正如高德哈巴所指出的，注意力之所以重要是因为它引导行动。如果我们拥有一个人或一群人甚至整个社会的注意力，我们就有可能把它引导到其他事物上去，并可以对我们提供的关注对象作出评论和解释。注意力还可以被重新导向并转化为行动。在信息社会和信息经济中，一方面人们借助现代技术大量生产、复制和传播各类信息，造成信息资源和注意力资源的严重不对称；另一方面，因为注意力利用的可能性正在不断增加，人们争相抢夺这一资源，从而使这种不对称性进一步加剧，也使得注意力的稀缺性更为突出。[1] 在经济利益的驱动下，媒介争夺注意力成为必然，为了保证明星消费占有一定的市场份额，媒介会不断地保持对明星偶像的曝光率并且营造大量可供消费的文本，将这种从受众中获取的持续的注意力转售给广告商，大规模粉丝群体的存在便是这种注意力的保障。

因此，媒介为了实现商业利益的最大化，一方面不断展示各种青春靓丽、个性鲜明的偶像，另一方面也在不断制造着新的偶像取代旧的偶像。天娱传媒从 2005 年《超级女声》尝到了选秀节目的甜头，从此之后，天娱每年都要在这条流水线上生产大批的艺人，如尚雯婕、张杰等均由选秀产生并归入天娱旗下。我们看到，这里就存在着娱乐文化与迷文化的某种冲突，因为粉丝之所以是粉丝，一个重要的方面是对偶像的痴迷和忠诚。而当今媒介及娱乐文化的上述特性，对迷文化产生的一个重要影响就是它在一定程度上改变了迷和迷群的稳定性，而大有将其纳入流行文化之势，正如上一章我们在谈及流行的力量时所论述的那样。

由上可知，媒介以及娱乐产业在其对自身利益目标的追求中，形成了流行文化，也从中培育了迷群，迷文化的价值取向受其制约，同时也就意味着冲突的难以避免。譬如，香港英皇旗下女艺人钟欣桐，自出道之日起展现在公众面前的一直是清纯的形象，是大众眼中的乖乖女，然而，2008 年的艳照门事件却将阿娇的清纯形象彻底摧毁。艳照门刚在网上出现的时候，“娇迷”

[1] 张雷.注意力的经济观.国际新闻界，2000(4).

愤怒，发起全球联盟怒轰行动，表示相信阿娇，更留言力撑她要坚强，“只希望阿娇能勇敢、坚强面对、站出来澄清”，还不停安慰阿娇“一切都会过去的，我们都相信你，上帝保佑”。还有“娇迷”去信报社，称照片是取阿娇在电影《公主复仇记》中的剧照之大头相做成的合成图，誓要还阿娇清白。[1] 待到后来，艳照经证实非合成照之后，一时间，不少粉丝称“被欺骗”，阿娇骤然成为众矢之的。其实，在艳照门事件中，阿娇也是受害者，私生活被公开，非其所愿。可是，粉丝们总是被明星光鲜的外表所迷惑，把明星的银幕和舞台形象当成生活中的明星本人，把他们的优点放大、缺点遮蔽，想象成完人和超人，听不得任何关于明星的负面信息。阿娇在 2009 年 3 月 7 日晚接受《志云饭局》专访中谈到，自己从来也没说自己是玉女，因为 Twins 的市场主要是小朋友，我们又出儿歌专辑，都是做正面的教材，公众就此把她们的舞台形象和本真生活等同起来，视为“玉女”，而其所在的英皇娱乐经纪公司也要求她们保持公众眼中的“玉女”形象，恋爱关系要保密，拍戏也不能有吻戏，避免引起绯闻。[2] 说到底，明星在银幕上演绎的是他人创作的人生，其本真生活并非如戏剧那般完美，纵使在聚光灯前光鲜亮丽，或许转身之后就已黯然神伤，媒介与粉丝却习惯为明星戴上耀眼的光环，让他们代替自己演绎童话故事。

与钟欣桐有着不同经历的李宇春，其遭遇却同样能够说明媒介的取向与迷群的冲突。李宇春在成为中国第一位选秀出身的平民偶像后，媒介为吸引眼球，曾大肆炒作其负面新闻令其遭受着巨大的非议，“同性恋”“唱功差”“春哥”“耍大牌”等话题曾

---

〔1〕 粉丝找力证炮轰恶搞. http://yule.baidu.com/star/h/2008－01－30/09480751500.html.

〔2〕 阿娇首谈艳照门. http://yule.baidu.com/star/2009－03－08/114256216567_1.html.

一度密集地出现在各种媒体上。绯闻炒作也是媒介及娱乐产业惯用的伎俩，即使是单纯地为了炒作而炒作，只要有公众关注，就会有发行量和收视率，媒体的商业利益也就有了保障。但是，“玉米”们不能容忍如此伤害他们的偶像，当天娱公司为提高节目的关注度拿李宇春炒作时，就成为“玉米”们的众矢之的。玉米“禾禾苗苗”就曾在李宇春吧发帖《天娱，你究竟还要无耻多久》，怒斥天娱在炒作的过程中抹黑李宇春的行为，此帖得到了其他玉米的积极响应，截至 2011 年 6 月 12 日 17:09，已有 1965 篇帖子回应[1]。

大众传播媒介不仅把明星偶像推销给受众，并且通过他们影响着人们的消费观念。

以大众传媒为主导，依照传媒所倡导的主流意识形态，或者是服务于传媒自身的商业利益打造的偶像，外表气质，言行举止，通常都体现着主流的价值观念，引导着受众的行为。大众传播媒介不仅把明星偶像推销给受众，并且通过他们影响着人们的消费观念。媒体报道的明星生活包括明星们的穿着打扮、兴趣爱好、娱乐消遣、饮食习惯等，事无巨细，无不与消费紧密相关。而精明的商家则会让明星们在影视剧中使用特定品牌的手机、手表或服饰，诱导公众对某一品牌的消费。在许多电影或电视剧中，明星所饰演的角色或其表现出的形象，通常代表的就是一种特定的生活方式或风格。总之，媒介造星创造和引领着消费潮流，构建着消费社会的生活逻辑。一方面，它以文化产品的形式作用于受众，使他们获得心理上、精神上的享受或消费；另一方面，偶像符号转化到现实生活中，比如某种时尚、某种生活态度，从而影响着现代人的生活方式。

正因为如此，媒介及娱乐产业的经济利益目标实现的一个途径就是，借助媒介文本对迷群的影响力，渗透消费主义的价值观，将迷群打造成消费市场的中坚力量。这方面同样存在着迷

[1] 百度贴吧李宇春吧.http://tieba.baidu.com/p/763893868? pn=1.

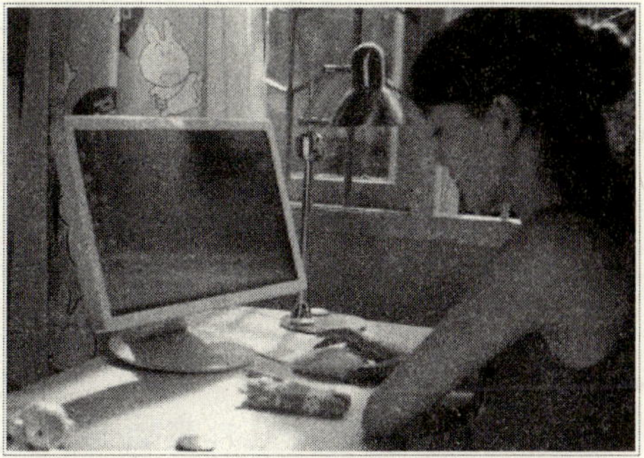

电视剧《一起来看流星雨》中的植入式广告。同方电脑以植入广告的方式在《一起来看流星雨》中出现，看重的是片中明星的粉丝市场。

文化与媒介主导的娱乐产业和商业之间的矛盾冲突。譬如，在湖南卫视自制的青春偶像剧《一起来看流星雨》中，植入式广告的痕迹非常明显。美斯特邦威是此剧最大的服装赞助商，剧中男女主角的服装均由美斯特邦威提供。而在这部戏里，不管是有钱人家的少爷还是贫穷女子楚雨荨，其所用的笔记本电脑都是一样的，全部是一个牌子——清华同方。而同方电脑则与此剧推出的新生代偶像俞灏明、郑爽正式签约，俞、郑双星成为同方电脑消费类产品族群的形象代言人。同时，同方电脑选择旗下系列明星消费类产品族群，与湖南卫视暑期主推的时尚偶像剧《一起来看流星雨》进行了深度捆绑。胖兔子粥粥是《一起来看流星雨》所属的天娱传媒旗下的一款时尚形象产品，在《一起来看流星雨》剧中及其相关宣传和周边产品中被大量使用和推广。迷群则不然。他们看重的更多是偶像本身的气质或品质，如单纯、善良、自信、达观等。这种气质或品质也许是粉丝个人所缺乏，一心向往而求之不得的，也许是迷群自身就拥有了的，又恰好在偶像身上发现了自己的这种特质，就此产生了惺惺相惜的感觉，从而与偶像更加亲近，爱上自己的偶像，并在打造偶像的过程中一再强化这种引起共鸣的气质或品质。一位名为“♀元梦儿←”的粉丝讲述她对郑爽的喜爱时说：

我爱她，因为爱她，所以爱她，她是梦中的我自己。我一直都想拥有小爽的这种性格，就像“出淤泥而不染，濯清涟而不妖”的莲花一样，清纯、甜美、不做作。

我也想拥有楚雨荨的性格，坚强又乐观。细细数来，我和小爽确实有很多共同点：喜欢粉色，喜欢吃零食，练过舞蹈和钢琴，宅女……小爽身上，有许多值得我学习的地方，这才是偶像和榜样的真谛——爱她，向她学习。[1]

在郑爽吧里，我们可以看到大部分粉丝都与"♀元梦儿←"有着同样的感受，他们眼中的郑爽清纯、甜美、真诚，"淡淡的阳光，淡淡的风，淡淡的气息，世界的美丽因为有郑小爽的单纯，笑容、低调、认真和努力而在"。[2] 面对他人对郑爽的质疑和指责，粉丝们着急地跳出来为其辩解，当媒体炒作郑爽和张翰拍戏暧昧时，他们着实心疼郑爽的委屈。粉丝们对于偶像的喜爱，动机很单纯，"因为爱他/她，所以爱他/她"。他们无怨无悔地守护着自己的宝贝偶像，分享着偶像信息，传递着这份喜悦，单纯而美好。

由上分析，我们可以看到，由媒介主导的娱乐文化，既培育了迷群，也利用了迷群，并造成了迷文化与大众文化导向上的内在冲突。这种冲突可谓无所不在，下文的论述将从不同的方面阐述迷文化与其所寄生的文化之间的冲突。

消费：从符号开始

从发现偶像，到四处搜集有关偶像的所有图片、视频、唱片等文本，迷群对偶像客体通常表现出持久的感情投入度，对偶像

---

〔1〕 你只是梦中的我自己而已.http://tieba.baidu.com/f? kz=1060232523.

〔2〕 郑爽，你的认真和努力一直在浇灌润水到观众心里.http://tieba.baidu.com/f? kz=1065709932.

文化产品的消费也呈现出重复消费的特点，而一切追逐偶像的活动终究要落到消费上。偶像信息的生产只是现代偶像制作环节中的一环，消费主义时代的到来使得商业力量可以随意侵入到大众文化的生产中，将文化打造成人们更容易接受的消费对象，迷文化于是成为商业利益紧盯的一块肥地，与所迷客体相关的增值产品、衍生产品相继跟进，环环相扣，侵蚀、瓜分迷文化的疆域。

让·波德里亚（Jean Baudrilltard）在他的《消费社会》中指出，消费的目的不是为了实际需求的满足，而是不断追求被创造出来、被刺激起来的欲望的满足。换句话说，人们所消费的，不是商品和服务的使用价值，而是它们的符号象征意义。迷群的消费突出地表现出波德里亚所描述的“消费社会”的特征，即它不是在对实体的物质产品的占有和使用中获得满足，而是在对其符号象征意义的消费中获得满足。台湾地区四人男子演唱组合“飞轮海”的一个粉丝写道：

> 我是一个追星族，这是很多人都知道的，不要误会。我的追星不会是那种很疯狂的，我不是那种举着灯牌在机场傻傻等候，见到偶像就大吼大叫的那种，我没那条件。我从未看过他们的现场，没有他们的签名。他们四个人是：吴尊、炎亚纶、汪东城、辰亦儒，他们是一个团体：飞轮海。于是就这样沉沦了！就这样深深地迷恋他们。会去搜集他们的海报，MP5 里存满了他们的歌和图片，上网去搜他们的视频。因为他们，我开通新浪微博，只想可以关注他们的最新动态。因为他们，吃饼干只吃“3＋2”，喝可乐只喝“可口”的，喝酸奶

首选“蒙牛”。[1]

这个网友搜集飞轮海的海报、歌、图片、视频，吃他们代言的食品，其实正是在消费这些产品的符号意义，因为它们关联着他着迷的对象，使用它们就是在表达自己的迷恋。这样的消费表明，在迷群这里，商品的使用价值已经让位于交换价值，人们在符号的世界中通过消费建构和确认自己的身份地位和品味旨趣。

粉丝都有因为喜欢某一个偶像而去购买其代言产品的经历，如果没有足够的支付能力，他或她会尽可能地搜集偶像的唱片、海报，甚至购买印上偶像形象的笔记本等小物品，也算是尽了一片心意。当然如果有足够的支付能力，他或她会直接参加偶像举办的演唱会、签唱会、见面会等。骨灰级的粉丝甚至会跟随偶像的行程到处奔波于各地，只为多见几次自己心仪的偶像。王心凌于 2011 年 6 月 12 日在台北举办签唱会，竟收到一神秘粉丝购买的 4300 张专辑，让王心凌自己也大为感动。韩国偶像 Super Junior 也有过这样的粉丝，某一中国歌迷购买了 8100 张他们的第四张专辑，并将照片和发票发到网上。发票上显示，该粉丝购买的 8100 张专辑折合成现金竟高达一亿多韩币，可见粉丝在消费偶像文化产品时表现出的超高消费力。

正因为如此，当商业着眼于庞大的迷群市场时，从明星的培养、包装到运营，只要是涉及偶像形象方面，都是在偶像产品中输入符号的意义。偶像的演唱会、见面会、专辑、写真集、海报，甚至只要标志上明星形象的任何一件东西都可以成为粉丝的消费对象，商家为迷群提供了多样化的产品消费选择，迷群也通过选择对这些产品的消费比如唱片、衣服、书籍、纪念品等表现出

[1] http://wenku.baidu.com/view/4b72f1c58bd63186bcebbcbd.html.

自己的品味和认同，并在此过程中积累起属于迷群自身的文化资本，同时加强对群体组织的归属感。

Hello Kitty 迷的私家珍藏。迷们对迷的客体相关产品也厚爱有加。

不管迷的对象是球类还是游戏，是明星还是品牌，迷的一个显著特征就是对某一事物的极度迷恋和追捧，这也就决定了他们重复消费的可能性。一个资深粉丝这样表达了自己对偶像产品的着迷：

> 30 多了还追星，可能会被一些人笑掉大牙，可这却是我从小的爱好，怎么都改不掉了，一直一直都在被我老公说，说我长不大，还会吃干醋，常会说我喜欢的明星长得难看啦，歌难听啦等，明显是醋坛子打翻的言论。不过，最后还是他说他的，我喜欢我的。我会买一大堆的碟片，买一大堆的杂志，买一大堆的写真集，收集一大堆的视频，以致零用钱常入不敷出，柜子抽屉都不够用，电脑硬盘、移动硬盘各种各样储存盘都塞满。哈哈！好开心，好满足，我想我还是会这样，一直这样下去。[1]

迷群作为一群特殊的消费者由于投射了过多的情感在偶像客体上，情感的过度沉溺淹没了他们的消费理性，呈现出类似博物馆或者图书馆的馆藏式消费。搜集可以说是迷所呈现出的一种显著的消费模式，并业已内化为粉丝文化结构中的一部分。他们有固定的消费习惯，不吝啬金钱的付出，对于商家来说，他

〔1〕 参见：http://wenku.baidu.com/view/4b72f1c58bd63186bcebbcbd.html.

们简直是最完美的消费者。像 Hello Kitty 作为一个没有任何电影和动漫支撑的卡通商品，之所以在全球赚得盘满钵满，得益于其开发商三丽鸥公司采用的全方位行销的策略。Hello Kitty 被印在每一种你可以想到的产品，小至贴纸、笔、笔记本、衣服、玩具、手表、杯子、盘子、筷子、手机、烤面包机、垃圾桶，大至电脑、跑步机、汽车，甚至是可以让人们置身其中的冒险主题乐园。而那些“Hello Kitty 控”们只要看到印有 Kitty 猫形象的产品都会想方设法地将其购买回去，商家甚至会利用限量商品来刺激收集行为与重复购买率。迷群消费的重复性特征契合了文化商品的特性，即“与其他商品不同，它最初的生产成本比较高，而复制成本则很低，因此，要确保安全收回投资，靠的是文化商品的发行而不是它的生产”[1]。

迷群消费的另一个特点是短暂性和流行性。作为一种亚文化的存在，迷文化表现出反常规的、叛逆的特性，但同时它的文化实践和创造总是受到主文化的诱发和引导，而其对大众传播语境下的流行文化的依附最为突出。大众传媒对明星偶像的塑造遵循的基本原则之一是时尚、前卫、引领潮流，围绕这一原则建立的文化生产和消费，最终目的是形成新的流行风尚，从而开拓新的消费市场。我们看到，偶像不断被推陈出新，媒介包装、推广明星的周期不断缩短，娱乐圈在不断地注入“新的血液”，在一些人声名鹊起的同时，总有另一些人一夜间变成了过气明星。在这样的情况下，追捧明星偶像的人也会随之而变，而且这种变化的速度越来越快，相应的，迷群以偶像为中心的消费也就会呈现出短暂性和流行性的特点。那些曾经在舞台上辉煌过的“超女”如今又有几人仍然被大量的粉丝追捧呢？还有那些歌王、歌后们，他们曾经创下过白金专辑的销量，或是为中国的电影产业

---

〔1〕 约翰.菲斯克.电视文化.祁阿红，张鲲，译.北京：商务印书馆，2010：448.

做出贡献的那批电影人，又有多少人还能持续带动固定粉群的消费热情呢？

迷群消费的上述特点，体现了商业力量对迷文化的介入，在介入的方式上，引人注目的是利用粉丝的情绪资本，打造情感经济，它首要考虑的是如何在一刹那让消费者心动，让消费者产生情感共鸣而心甘情愿地掏出腰包。迷群独特的消费方式让商家希望将其转变成最能被吸引的消费者，其关键就是把握好迷群在观看选择和购买决策过程中的情感因素。迷群是对特定的偶像客体投入过度情感的群体，商家抓住的便是这份情感上的依恋，并将这份情感转变成巨大的消费能力。为此，商家普遍采取的一种策略是注重品牌，以培养固定的粉丝消费群体，使粉丝和品牌建立长期的、忠诚的联系，从而拓展消费者对品牌的情感投入的程度和依赖的程度。品牌可能指的是一个人，或者仅仅是一个商品，只要是迷群所迷的对象，商家都希望将其打造成品牌，形成固定的消费群体。苹果公司 2011 年一季度在中国地区(包括中国台湾和中国香港)的收入达 26 亿美元，这一收益是上一年同期的 4 倍以上。这样的业绩显然与中国有大量的“苹果控”分不开，他们作为疯狂热爱苹果品牌的迷群，一旦苹果公司开发了什么新的产品就会极尽可能地去购买。商家对品牌的建设和维护，看中的就是“苹果控”这样的迷群，因为他们能在一次性购买行为的基础上与品牌保持长久的关系，始终如一地购买品牌的相关产品。2011 年 11 月 11 日，苹果 iphone4S 在香港地区公开发售，苹果迷们连日通宵达旦排队抢购。2012 年 1 月 13 日，iphone4S 在内地首次发售，“果粉”们也冒着严寒排队抢购。

“哈利·波特魔法世界”主题公园开幕。通过建造主题公园，生产和制造商们将哈迷作为市场空间进一步拓展。

另外一种商业介入的方式便是创建参与体验式，以激发粉丝的情感体验，这就是继农业经济、工业经济、服务经济之后的体验式经济。2010 年 6 月 18 日，哈利 · 波特主题公园终于在影迷的翘首期盼下正式开园，这座由华纳公司与奥兰多环球影城共同投资，并在奥兰多环球影城内建造的以“哈利 · 波特”系列小说为蓝本的“哈利 · 波特魔法世界”，是环球影城冒险岛主题乐园的一部分。在这个主题公园里，你可以看到小说或者电影中展现的一些经典场景，比如“三把扫帚酒吧”“霍格沃兹学校”“魔杖店”等，“哈迷”们在这里甚至可以体验到小说主人公们的神奇经历，可以被隐身，或者干脆像他们一样在天空中飞一把。魔幻世界变成触手可及的真实公园，这让世界各地的“哈迷”激动不已。主题公园这样的文化产品及其营销方式是典型的体验经济，它注意到的是消费者消费时理性与感性兼具而非单凭理性行事的特点，消费者在消费前、消费时、消费后的体验，是品牌产品设计与营销时应着力关注的所在。这种方式无疑对迷群这类消费主体最为适用，因为迷群对偶像客体怀有强烈的依恋感，体验式的经济模式恰恰就是激发隐藏在消费者心中的炽热的眷恋之情。

在商业对迷文化的介入中，媒介是重要的合谋者。市场化情境下的媒体本身就有商业利益的追求，通过收视率吸引广告的投放，将受众二次出售给广告商。迷文化的勃兴离不开媒介的发展，媒介传播为迷文化的扩散提供了推广的平台，大部分的迷群都是通过大众媒介这个中介工具来实现和偶像客体之间的互动，传播渠道的多样化也让粉群有更多的机会去追寻、接触自己崇拜的偶像。在这样的情况下，企业与传播媒介合作，电视、电信、互联网以及多种商业力量共同掀起娱乐风暴，一起作用于迷文化的生产和传播。通常的情形是，企业通过赞助、冠名等形式来成为某个电视节目的合作伙伴，从而拥有节目的冠名权、节目现场企业的广告牌、规定时间内播放的广告等优先权。譬如，2005 年《超级女声》在湖南卫视再次开播，可以说是湖南卫视、蒙牛乳业、天娱公司、新浪、搜狐、网易等共同开发的盈利模式。作为独家冠名的赞助商蒙牛酸酸乳以 1400 万元的代价成为该节目的首席合作伙伴，不仅在《超级女声》的现场有各种蒙牛酸酸乳的标记，节目中间也大量插播了该产品的广告，蒙牛酸酸乳更是将《超级女声》的宣传画印在了每个产品的外包装上，从电视到网络，从网络到现实生活，见缝插针、无孔不入地为自己产品造势。由于它的目标消费群体与《超级女声》节目定位的收视观众大体一致，蒙牛的大幅度宣传也获得了丰厚的收益。AC 尼尔森的调查结果表明，蒙牛酸酸乳产品 2005 年 6 月在北京、上海、广州、成都四个城市的销售超过 100 万公升，是 2004 年同期销售的 5 倍，蒙牛成为这次娱乐风暴中收益最大的收获者之一。[1] 真人秀节目可以说都是靠媒介与商业牢牢绑在一起，培育出大批忠实的迷群，将他们对品牌的忠诚、迷恋转化成固定消费的粘合剂。不仅如此，市场对偶像客体周边衍生产品的开发，比如写真集、唱片、印有偶像形象的笔记本、笔等各种商品，形成了一条偶像宣传的超级产业链，为迷群提供了多样化的消费选择。不仅选秀节目的产业链是如此，其他如电影、球赛、动漫等凡是培育了大量的迷群的文化产业莫不如此。

近年来，商业利益对迷文化的利用还发展到利用迷的活动形式，打造市场营销的策略手段，最为突出的例子便是所谓职业粉丝的出现。职业粉丝简称“职粉”，“职粉”一词被列入教育部 2007 年 8 月公布的 171 个汉语新词，指的是职业的粉丝组织者，以制造明星为职业，组织粉丝团、拉票会，在各大论

---

〔1〕 郑欣.平民偶像崇拜——电视选秀节目的传播社会学研究.北京:中国传媒大学出版社,2008:280.

坛灌水，在贴吧中爆猛料，为选手炒人气，并且根据工作量的大小领取佣金。职业粉丝工资每月从3000到1万不等，最下层的"蓝领"，就是到现场凑凑人气。"白领"就要负责在论坛和网站发支持帖或留言，负责向娱乐媒体投稿、攻击竞争对手，这些人主要是有点文采的高校学生，如果活儿够多，一个月挣三四千不是问题。"金领"就是粉丝管理人员，主要针对承办方进行勾兑协调，组织歌迷团。他们赚的钱主要来自艺人经纪公司、赞助商，甚至是艺人的亲朋好友。如果能和艺人经纪公司谈好合作，每月收入可上万元。遇到职业粉丝人手不足时，还有临时工粉丝，举牌的每场20元，喊破喉咙50元，内牛满面100元，如果哭到昏倒，价格直接升至200元……[1]

"内牛满面"为网络用语，意为"泪流满面"。

职业粉丝的出现，提示我们不能用单纯的"热情的过度消费者"来看待迷的活动，或者说，我们需要将迷的活动放置在更大的背景之中、更复杂的联系之中加以考察，商业利益的角逐和设计是不可或缺的一个方面。

商业的介入或以流行文化引导迷文化，或将迷文化转化成流行文化，大量生产的物品，让人们司空见惯、自然而然地把它当成流行文化来进行消费，迷文化作为亚文化的脆弱边缘在其间随时可以被模糊、销蚀。在这样的过程中，我们可以看到费斯克所谓"金融经济"与"文化经济"的对立。金融经济注重的是交换价值，流通的是金钱；文化经济注重的是使用价值，流通的是"意义、快感和社会认同"。媒介及娱乐产业制造的媒介文本催生出一批批迷群，迷群又被卖给了广告商，成为广告商潜在的消费者。因此，媒介文本召唤受众，把受众的定位与他们所消费的东西联系起来，便完成了"金融经济"的生产模式。而迷群在消

〔1〕 职业粉丝月收入过万.http://ent.163.com/10/0106/07/5SB25QGT00031H2L.html.

费媒介文本时，对文本进行着自发的解读和诠释，满足自我感官需求，成为意义、快感和社会认同的生产者，亦即实践“文化经济”，这实际上是消费者的一种再生产。

粉丝绘制的《生活大爆炸》四主角图。迷们的活动往往也是主动的“盗猎”。

“盗猎”中的创造

如果仅仅将迷文化视为媒介和娱乐文化产业的设计，将其纳入商业利益追求的策略之中，那么，我们很容易做出基于道德的指责：迷文化的每一个毛孔里都流着资本的血，商业的利益驱动通过媒介运作精心网罗了迷群，利用迷群的感情培植了稳定的市场，刺激了迷群的消费，达到盈利的目的。但是，这种观点忽视了迷群消费的独特性和新媒介语境对迷群消费产生的影响。

法国社会学家德赛都更是强调日常生活实践中用户的创造，用户的战术在主动性使用过程中，和产品一起制造一种自己的形式。在德塞都看来，战略与战术分别代表着强者与弱者，强者运用策略，体现分类、划分、区隔等方式以规范空间。“战略”就是日常生活中独立的体制或者结构，它要求在特定的场合中呈现合适的、符合规范的行为和举止；而“战术”与之相反，它是日常生活中采用的各种游击战式的行为和手段，是对各种战略环境中各种可能性的创造性利用。〔1〕 Web2.0时代的网络实践对德赛都的观点提供了更为直接、更为有力的支持。Web2.0技术催生了用户创造内容的互联网使用新局面，它从由少数资源控制者集中控制主导的互联网体系转变为由广大用户集体智慧和

〔1〕 参见：吴飞.“空间实践”与诗意的抵抗.社会学研究.2009(2).

力量主导的互联网体系，将互联网传播的主导权交还个人，个人以及个人联系形成的社群的影响替代了原来少数人所控制和制造的影响。当然，在根本上，是商业资本和技术创新为公众设定了 Web2.0 的网络空间，但是，包括迷群在内的亚文化群体也正通过其间媒介技术的使用，创造出自身的表达。深受德赛都理论的影响和启发，费斯克提出的积极受众的观念以及日常生活的抵抗性理论，认为迷文化的实践并非意味着媒介和娱乐产业的操纵，而是证明了迷群的文化生产力，迷群能够能动地创造出新的意义，通过建立文化识别系统、展示风格、强化社会身份认同、建立协会等，将迷群从媒介和娱乐产业的操纵与控制下解放出来。詹金斯更是直接将德赛都所谓的“盗猎者”和“游牧民”运用于迷文化研究，并指出，“媒介消费的模式因一系列新媒介技术而遭到了深刻的改变”[1]，粉丝群体总是新媒介技术最早的使用者和推广者，作为“报答”，他们得到了新媒介技术的赋权。他们通过键盘的输入将自己的声音发在网络上，与偶像文本互动，电脑的鼠标和键盘才是他们在网络空间“阵地”上最有力的“武器”，他们作为群体的存在和参与性文化的实践，在主体的身份建构过程中，“时而内在于，时而外在于商业娱乐的文化逻辑的立场，探索和质疑了大众文化的意识形态”[2]。

新媒介技术使受众也能参与到文本的制作、改编、传播中来，从最初的文本消费者变成了文本生产者。互联网时代到来之前，大众在信息传播过程中是被动的接受者，他们很难获得媒介传播的资源。媒介技术的进步改变了传播交流的方式，也改变了信息传播的模式。手机、相机、DV 等数码产品的普及，使得普通大众也有了参与摄影、摄像等信息制作和传播的机会。数

〔1〕 陶东风主编.粉丝文化读本.北京:北京大学出版社,2009:107.

〔2〕 陶东风主编.粉丝文化读本.北京:北京大学出版社,2009:111.

码相机、DV 可以拍摄视频素材；录音机便于记录个性的音频文件；Photoshop 等软件可以对图片进行编辑、拼贴、加工。当这些手段被运用于迷群的文化实践中时，粉丝们在传统的偶像崇拜活动中，实际上更具有“改造”的能力，更能够将主体的印记铭刻于对象的存在之中，甚至对象的存在成为迷之“我”的存在的证明。李宇春 2011 年 5 月 25 日录制《非常静距离》的时候，到场的玉米不仅利用自带的相机拍了大量的照片，还把照片传到百度贴吧，与玉米们一起分享。其中，一些玉米还将编辑过的照片上传至贴吧，供其他玉米珍藏。粉丝们充分发挥自己的聪明才智，利用偶像的照片做自己的头像，或是截取偶像的某段视频作为自己的个性签名，或是为自己制作专属的粉丝名片，将自己的名字、性别以及标语都刻在了名片上。又如，周杰伦的粉丝 Jay 迷为周杰伦制作了《周杰伦吧刊》，每月中旬在百度贴吧周杰伦吧发布，截至 2011 年 6 月已发布了 6 期。总之，迷群参与到媒介内容的制作，互联网提供的“自媒体”服务为他们将自己的制作进行广泛传播提供了最佳的途径。

迷群在这样的活动中，产生了文本创造，即迷群在对媒介元文本进行拓展或是改写中产生的迷文化文本，以表达自己对偶像的喜爱，或是对元文本的独特理解。上世纪 60 年代，美国的科幻剧集《星际旅行》刺激了“星迷”们改写电视剧的热情，据称《星际旅行》的“粉飞客”版本多如牛毛，有的还被专门的《星际旅行》科幻杂志收录，甚至出版了《星际旅行永存》的合集。自那以后的热门电影、剧集都会被“粉飞客”改写，像《星球大战》《X 档案》《老友记》等，莫不如此，甚至还衍生出被称为“斜线”(slash)的粉丝文学，对其间的男性主人公进行配对，并将其设定为恋人。这样的迷文化实践发展到现在，从文字领域转向了视像领域。2010 年 2 月，英国一位狂热的《指环王》女粉丝凯特·麦迪逊，受启于导演彼德·杰克逊的《指环王》三部曲，根据原作者托尔金的原本创作了新的台本，并亲自导演和制作，一群《指环王》的发烧友在她的鼓舞下参与了拍摄，花了两年时间，耗资 25 000 英镑，成功拍摄出一部长约一小时的前传《指环王·希望之生》。凯特将自己的心血之作传上 Youtube 网站，一时间成为热点，不到一天就有约 50 万人点击观看，好评如潮。其中的部分场景已经成为网友的新宠，被到处传播。〔1〕像这样的“山寨版”制作，既是粉丝向所迷客体表达致敬之意和崇拜之情，也是新的文本创造，是粉丝对媒介文本的再生产。

粉丝的文本生产力表现在粉丝对媒介元文本的积极重构上，通过阐释、重读、“盗猎”、挪用等策略，将媒介的叙事或表演转化为与自己社会情境相关的意义和快感。

粉丝的文本生产力表现在粉丝对媒介元文本的积极重构上，通过阐释、重读、“盗猎”、挪用等策略，将媒介的叙事或表演转化为与自己社会情境相关的意义和快感，建构一个属于粉丝自己的独特的艺术世界，一个在媒介生产者的直接控制之外运作的世界。《宫锁心玉》自 2011 年 1 月 31 日在湖南卫视首播之后，收视不断创下新高，收视率最高突破 3%，大结局收视份额更高达 16.74%，成为省级卫视近 5 年来收视最高的电视剧。〔2〕杨幂饰演的女主角晴川与冯绍峰饰演的康熙八子胤禩上演了一段浪漫而动人的跨时空爱恋。这一荧屏情侣形象深受观众喜爱，甚而催生了“蜂蜜”这一粉丝群体，有的粉丝还把晴川与八阿哥的经典对白做成了 Word 文档，记录了他们的恋爱史。〔3〕虽然电视剧中晴川与八阿哥从大清朝反穿越至现代并寻找到了自己的真爱，“峰幂之恋”已修成正果，但是，蜂蜜们并

〔1〕 参见：一知．英国影迷拍《指环王》前传，耗资 25000 英镑．新快报．2010－02－12.

〔2〕 参见：http：// baike. baidu. com/view/3578254. htm? subId = 3578254 & serId=1.

〔3〕 晴川和八阿哥的恋爱史．http：// wenku. baidu. com/view/0365232bcfc789eb172dc862.html.

不满足于此，他们充分发挥自己的聪明才智，接着电视剧的结局创作出了多个续集版本。

一位名为"fancyboychina"的宫迷创作了《宫一夜明珠》，描写了晴川与八阿哥的现代生活。八阿哥穿越到现代，不仅找到了晴川，还从百科全书学起，改名尹思，通过自身的努力适应了现代人的生活，在李老爷子的提携下踏入商场，成为其得力助手。[1] 宫迷们经常在网上坐等 fancyboychina 的更文，并对剧情的发展提出了许多建议。其中，宫迷"贴了个吧"是 fancyboychina 的忠实读者，她最先建议 fancyboychina 安排八阿哥与其生母，也就是从现代穿越到清朝，后又反穿越至现代的良妃娘娘在茶楼意外相认，从而解决了八阿哥的黑户问题。在原著《宫锁心玉》中，八阿哥有一群死党号称"八爷党"，网友"贴了个吧"便建议楼主增加人物，"写出点兄弟情义"，还提出来到了现代的晴川应该有闺蜜，并且建议楼主仿照《奋斗》来写。fancyboychina 采纳了这些建议，于是，刚进公司不久，与尹思共事的谢文斌成了尹思的追随者，晴川的生日会上出现了老三、老九等大学死党。另一位名为"微笑"的"蜂蜜"则将杨幂饰演的《仙剑奇侠传 3》中的唐雪见、《美人心计》中的莫雪鸢和《宫锁心玉》中的洛晴川三个角色融合起来，将元文本打乱、重组，使得雪鸢与周亚夫未完的恋情在雪鸢穿越到《宫锁心玉》后得以继续。雪鸢与周亚夫，晴川与八阿哥，终于在粉丝自己创造的文本中得以再续前缘。

可见迷的文本创作，一般都是在元文本的基础之上进行的重构，通过挪用、重组等策略制作出专属于粉丝自己的、满足于自身消费需要的文本，使"商品的表达功能，相对于其使用或工

---

〔1〕 晴川与八阿哥的现代生活. http://tieba.baidu.com/f? kz=1009643835.

具性功能而言，有着越来越重要的作用”[1]。在这个过程中，创作者本人的迷的身份凸显出来，迷文化的非主流性质、边缘色彩、抵抗意味成为其间引人注目的元素。这些在 Cosplay，御宅族、同人文这样一些迷文化的特定类型中表现得尤为突出。

在费斯克看来，迷的“闲聊”也具有生产性。“迷的闲聊填补了文本的裂隙。它说明了文本中省略或掩埋了的动机和结果，它扩展了解释的空间，提供了另一种或者额外的洞见；它再诠释，再表现，再创造。原初的文本是一种文化资源，从中可以生产出无数的新文本。”[2]随着互联网技术的普遍使用，粉丝围绕文本的闲聊成为最常见的一种交流方式。这种互动的方式对文本生产的影响在中文世界里最初见于“痞子蔡”的《第一次亲密接触》。蔡智恒从 1998 年 3 月 22 日起，以“jht”为笔名在校园 BBS 上开始发表《第一次亲密接触》，写到第 16 回时，便收到热情读者的回音，到最后竟收到 1000 多封信。这部共 34 回的网上连载小说到 5 月 29 日登完时，已经轰动了台湾各大学的 BBS。读者阅读一些章节后马上将意见通过电子邮件反馈给作者，对作者下一步的写作造成影响。有女性读者在小说陆续发表中途，便敏感地发觉故事将是悲剧结局，于是写信给作者要求不要以悲剧结尾，而万一真要

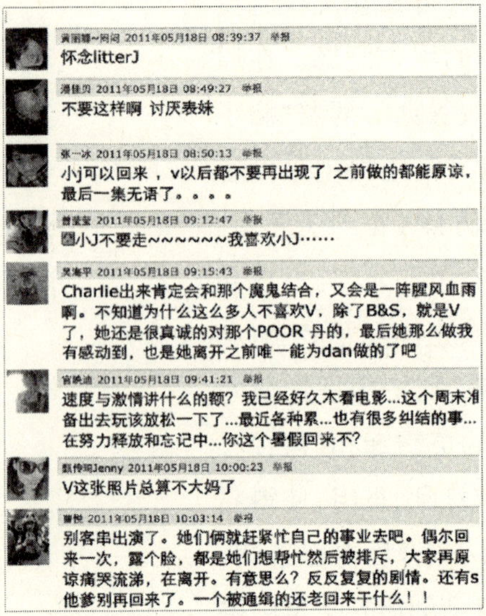

中国粉丝对美剧《绯闻少女》的讨论。闲聊构成了迷的活动的重要内容，这是人人网上“绯迷”们知道新一季开播日期后展开的讨论。

---

〔1〕 西莉亚·卢瑞．消费文化．张萍，译．南京：南京大学出版社，2003：76．

〔2〕 约翰·费斯克．理解大众文化．王晓珏，宋伟杰，译．中央编译出版社，2006：175．

写悲剧，也请留下一点希望。蔡智恒后来说，读者的反应的确给他造成了压力，所以把故事的最后一回的场景由殡仪馆移到了医院。

今天，这样的互动更为频繁。2000 年，卢卡斯在他珍爱的 starwars.com 上专辟了“粉丝”页面，鼓励“粉飞客”往上放再创作的故事、音乐、图片，许多粉丝心怀虔诚苦心写作，希望有一天自己的主意被大师采用。美剧《迷失》开放式创作的剧集就曾纳入了“粉飞客”的点子，在“粉丝”论坛里曾一度流传这个荒岛余生的故事纯粹黄粱一梦，这一说法被编剧之一大卫·拉沃瑞看到，随后的剧集就出现了主角之一忽然惊醒，发现果然是个噩梦。正如有观察者所说的，这样的互动好像是在跟“粉丝”们开玩笑，但论坛里的几句议论，博客里的一个牢骚，说不定哪个就成了剧情转机。[1]

现在，在网络上，粉丝们可以便捷地在网络空间中分享所追捧的明星的信息，这些信息包含文字、图片、音频、视频等形式。网络信息传输技术的发展和进步，也日益扩展了粉丝间信息交换的种类，增强了粉丝间信息交换的频率。网络聊天工具和百度贴吧为粉丝发表意见提供了空间，成为粉丝交流的平台。2011 年 5 月，就有媒体披露了《绯闻少女》第五季将于 9 月播出的消息和主要角色的剧情变化，绯迷们便对剧情梗概展开了热烈的讨论，人人网作为绯迷集中的地方，近百人围绕这一话题七嘴八舌地议论开来。琼瑶联手湖南卫视于 2010 年合拍的新版《还珠格格》，新增了西洋画师班杰明、五阿哥生母瑜妃两个角色。粉丝们在贴吧里表达了对新版剧情改动的不满以及对班杰明插足“永燕恋”的厌恶与无奈。

---

〔1〕《越狱》的中国隐秘流行. 三联生活周刊，2006(24).

金贤儿：一直都很郁闷，为什么明明就是《还珠格格》，整部片戏份最多的却是班杰明，整部片唯一没有缺点的就是班杰明，帅气、无私、聪明、冷静。

薰衣草 de 约定：班杰明，注定的第三者。

金贤儿：还是一个挑不出毛病的第三者，这才郁闷。

……

双 8023M：话说我也这么觉得因为一个班杰明，毁了整部戏。班杰明永远都是在关键时刻出场，在关键时刻出主意，在关键时刻牺牲，在关键时刻拯救大家，反正只有他的优点，没有他的缺点，再来一个低智商的欣荣和一个死脑筋的瑜妃，于是永燕被很多人骂得一文不值，琼瑶亲手创造了永燕的爱情，也亲手毁了他们的爱情，看着这部戏，我是各种情绪难以表达啊！

汐子阳：这个第三者真是天使一般的人物。

金贤儿：我现在是剩下忧没有喜，她到底要把永琪逼到什么地步呢？真要这么写，我恨不得她把永琪写死算了，让燕子失去后悔一辈子吧。我真是快被琼瑶阿姨虐死了。〔1〕

这样的闲聊，不仅使粉丝之间增进了情感交流，而且也表达了粉丝对于文本的一种再理解和再阐释。粉丝讨论媒介文本实质上是在解读文本，并在解读的过程中生发出某种情绪，或激昂，或愤慨，或愉悦，这种情绪在闲聊的过程中扩散，并在群体内部传播，粉丝群体内部成员被这种情绪所感染，从而增进群体的认同感，强化理想中的偶像形象。所有这些，虽然在根本上受制

〔1〕 琼瑶阿姨我突然“懂”你的意思. http://tieba.baidu.com/p/1197357421.

于媒介文本，但是，媒介文本的意义指涉显然在粉丝的闲聊中得到矫正、偏离、强化甚至歪曲，由此在象征性的意义上摆脱了媒介生产对迷群的控制。

网络社区的存在给粉群提供了一个可以相互交流和讨论的空间，迷群在这个虚拟的空间中消费和再生产着媒介文本，而消费和再生产文本的程度则决定着个体在粉群中的地位高低。费斯克曾经将布迪厄的“文化资本”和“习性”的概念用于迷的文化经济中，提出迷及其文化实践提供了填补文化匮乏的方式，以及文化资本所带来的社会名望和自尊意识。文化资本的概念将文化活动视为如同经济活动一样，其间的资本可以积累，并且这种积累的过程会导致对资源的不平等的分配，从而造成特权者和被剥夺者的区别。通常我们所说的文化资本的积累往往指的是官方文化的资本积累，比如学校、画廊、音乐厅等等都是我们积累官方文化资源的场所。而大众文化的多样性使得文化资源的分布并不是统一的，大众对官方文化资本积累的缺失往往会导致寻求积累其他种类的文化资本以填补自己的文化匮乏，迷文化资本便是这种情形最为突出的表现。很多社会的边缘群体，由于缺乏对官方文化资本的积累，通常都会选择成为某个对象的粉丝，并且通过积累粉丝知识来获取一种非官方的文化资本，而这种非官方的文化资本在费斯克看来同样也是可以制造出社会特权和区隔的。因此我们会发现在粉群中间粉丝成员往往呈现出和传统社会结构一样的权力分配体系，如从吧主到论坛的活跃分子再到旁观者，凭借对粉丝文化资源的占有程度重新分配着网络生活中的权力，从而让粉丝建构了一个全新的网络身份。

大众对官方文化资本积累的缺失往往会导致寻求积累其他种类的文化资本以填补自己的文化匮乏，迷文化资本便是这种情形最为突出的表现。

飞鸟殇：“哈 7”后人物命运问题，书上没有的信息，我都知道一些，我看了很多罗琳的采访。有关英文版的问题，还有人物问题，都可以问我，我会尽量回答。

冷苡：楼主太强大了！

爱德的银怀表：我是来顶帖的，飞鸟加油！〔1〕

《哈利·波特》百度贴吧中经常会有类似这样的顶贴，这则帖子主题是“我是骨灰级哈迷，专为大家解答疑惑”，发帖人“飞鸟殇”是《哈利·波特》百度贴吧中常设哈学讨论版块的吧主，已经有620个粉丝选择去关注她，而大家关注她的原因就是因为她在贴吧中的发帖量大，有自己的观点并且愿意与别人交流。网友“飞鸟殇”对一切关于《哈利·波特》的东西都非常熟悉，这当然与她长期阅读和关注有关《哈利·波特》的信息有关，这个关注的过程便是她的粉丝文化资本的积累过程。相对于其他粉丝，骨灰级的身份也意味着她所占有的粉丝文化资本比别人多，并且这种身份也让她可以有资本去给别人解答疑惑或者发表自己对《哈利·波特》的看法，正是在这样的过程中“飞鸟殇”建立了威信，成为整个哈迷中的意见领袖之一。我们先不管“飞鸟殇”在现实生活中的身份是什么，在网络虚拟空间中，在《哈利·波特》的百度贴吧中，她通过自己对哈利波特文化资本的占有，在粉群中建构了一种新的身份。

百度贴吧就是一个提供粉丝在线交流的平台，贴吧中有很多大的分类，比如明星吧、影视吧、杂谈吧等。这些大的分类下又包含了若干个小的分类，像明星吧下就有各个明星的贴吧，粉丝只会在其所认同的明星贴吧中搜集信息、上传资源、交流讨论。群与群的界限非常明显，加入一个明星的贴吧成为其会员需要进行注册，拥有一个会员的ID身份便是一个在虚拟社区中获取群体归属的身份证明。这种偶像贴吧建立的速度非常快，

---

〔1〕 http://tieba.baidu.com/p/566109500? pn=1.

2011年1月湖南开年大戏《宫锁心玉》引发了全国的收视热潮，粉丝紧跟其后就建立了相应的吧群，发展至当年6月，已经形成拥有主题数将近1万多个，发表帖子300多万篇，会员人数也超过4万多的“超级大吧”。

> 总有人说讨厌四爷，讨厌老四，为什么几乎没人讨厌老八？
>
> ——网友“楼上下面去”
>
> 因为在八爷党中，有一部分人是比较任性的，像八爷一样的性格……而四爷党们多多少少有点和四爷性格相似的地方，不会那么锋芒毕露。
>
> 就讨厌，要是他当皇帝，我感觉大清国早完了，百姓的位置都放哪里啦？不过痴情还是可以肯定的。
>
> ——网友“陈云生爱鸣人”[1]

剧中晴川与八阿哥和四阿哥都有感情上的纠葛，因此贴吧中就形成了两派，四阿哥派和八阿哥派。有人发帖质疑为什么大家比较讨厌四阿哥而相对喜欢八阿哥，类似这样的小事就能引发两派之间“口舌”之争，这意味着粉丝对偶像的形象和品质特征的认同，足以形成群体间认同的区隔和差异。因此粉群们在百度贴吧中相互交流资源、探讨剧情以及抒发情感，俨然呈现出一个大家庭的状态，而一旦有人在贴吧中留下相反的言论，必然遭到群体成员的一致反击。

粉丝搜集文化资本除了能形成群体间的区隔，强化群体认同，同时还可以在粉丝社群的内部产生差别。对粉丝文化资本的占用有时候是可以重建现实生活中的个人身份的，从而让在

粉丝搜集文化资本除了能形成群体间的区隔，强化群体认同，同时还可以在粉丝社群的内部产生差别。

〔1〕 http://tieba.baidu.com/f?kz=10024391.

现实生活中迷失的粉丝寻求到自我认同和社会认同。我们先来观察一下贴吧公告和吧主通知。

【贴吧公告】

Lady Gaga 吧吧务调整公告

感谢所有担任过 Lady Gaga 吧吧务的付出，就 GA 吧的现状，经过现任大吧主的一致商讨，现对吧务人员做出调整，具体安排如下：

保留以下吧务的小吧职位：Bevis 熊熊、Quigley Yeun，赵阵宇，gaga_queen，小怡儿。

新上任小吧：Willson000 与一_Charlotte.

撤销以下吧务的小吧职位：BornThisWay，风沙雪、兜_cute，宅男大人、滔饕。

更替将在 6 月 3 日进行，并且重组吧务 Q 群，群号将以短消息的形式通知各位吧务，加入时请附带百度 ID。

另感谢付出很多的在任小吧，在本吧风雨飘摇时依然坚守。

Lady Gaga 吧吧务组[1]

【吧主通知】

根据小吧主报名帖的报名情况，我根据每天在线时间 5 小时以上，宫锁心玉吧发言量 250 以上，以及发言质量等综合考虑，从中选出 21 位参与投票，选出 10 位最多票数的人作为我们新的 10 位小吧，请全体宫锁心玉吧管理组认真负责投票，杜绝刷票，共同建设宫锁

〔1〕 http://tieba.baidu.com/f? kz=1093866841.

心玉吧，谢谢。

1. 糖糖★糊糊（是本吧第二期吧刊的主编，个人推荐）

2. 原来是张根锡啊

3. xiaocang 小沧

4. 宫锁心玉·胤祯

5. ♀小飞碟♀

6. 伊白薇

7. 轮天魔

8. GZ325

9. 五福晋小燕子

10. 生活的很快乐

11. Ai_恩漠 ooo

12. UUU_柠檬小姐

13. 吖子樱

14. 慕容倩子

15. William_Hu_

16. jianan0419

17. 挚爱诺

18. lollipop 犬纬

19. 可爱玉米 2

20. 清羽姗

21. 1 爱还有多久 1

请各位管理员各自选出你们觉得最合适的 5 位同心锁[1]

---

[1] http://tieba.baidu.com/f? kz=1013632445.

贴吧是一个有别于现实社会的网络虚拟社区，现实社会中人们凭借在社会结构中的位置以及身处的社会关系已经形成了一个主体身份，但在网络社区中，祛除了现实社会中权力结构以及社会关系的制约，粉丝凭借对粉丝文化资源的占有重新建构一个主体身份。一般贴吧中都会有一个吧务说明，对整个贴吧的发帖、删帖等日常管理都有一个明文规定，上述两则帖子就分别出自 Lady Gaga 以及《宫锁心玉》的百度贴吧吧务管理一栏。很显然，虽然是虚拟的网络社区，但仍然需要一个管理者或者组织者去维持贴吧的日常工作。从吧主任命几个贴吧中活跃的会员为小吧职位，又撤销了几个小吧职位可以看到，凭借对粉丝文化资源的占有程度重新分配网络生活中的权力的运作过程。

另一方面，我们也要看到，随着国内真人秀节目的发展壮大，歌迷们告别了过去简单的“追星族”概念，“粉丝”这一群体因选秀节目而生，却也从此改变了选秀节目的造星模式。“粉丝团”的组建更具规模、更专业化，并拥有自己的标志、口号和会服。经过几年的发展，各家“粉丝”相继成了气候，形成了拥有严格组织的“粉丝”团体。在这个团体内部，“粉丝”也分起了等级，有技术含量的“粉丝头”便出现了。尤其是“殿堂级”的粉丝头，他们在粉丝活动分工中处于领导地位，同时大都与偶像接触密切、关系良好。他们有的代表粉丝们和偶像直接沟通，有的甚至俨然已经成为偶像的代言人。林峰在内地的影迷会会长 Oscar，就是这样一个粉丝头。Oscar 原本只是一个在广告公司工作的普通“蜂蜜”。后来，因为去探班《大唐双龙传》而终与林峰结下不解之缘，成为注册会员超过 16 000 人的影迷会会长。作为影迷会的会长，她得到比别人更多的与偶像接触的机会，同时要安排好影迷会的日常事务，负责做好林峰与影迷之间交流的枢纽。她一手策划了 2003 年林峰生日会、2005 年峰迷见面会、2006 年峰迷新年会。

粉丝社区如同现实社会一样，也存在社会中的阶层差异，只是这个差异与一般社会的政治经济地位不相符合。网络粉丝群体内部有一定的分工，一般有管理员、版主、宣传组、视频组等部门，从一定意义上来说这些分工是有一定等级的。从粉丝头到旗下的普通粉丝，这种等级性主要体现在决策制定和执行方面。粉丝以对偶像文本的理解多寡作为粉丝社区地位高低的标准。对偶像越理解或和偶像越接近者，在粉丝社区中地位较高，是社区中的意见领袖，对其他粉丝容易产生影响力与领导作用。

因此，正如麦特·希尔斯所指出的那样，任何既定的迷文化不再只是一个社群，同时也是个社会层级，迷在其中分享共同的兴趣，但在相关的知识、接近迷对象的权力以及地位声誉上，同时也存在相互竞争的关系。在粉丝团内部，粉丝头是领导者，他们拥有更多一般粉丝所得不到的特权。由于这些粉丝头具有最新、最多的有关偶像动向的信息，有的还有一定的经济实力支持粉丝团活动，所以他们有一定的制定决策和安排活动的权力。当有了群体决策制定的权力，管理者便遵循一切为了偶像的宗旨安排活动。在网上，管理者往往有专门的网络社区进行网上交流与策划。在这个专区中，决策的制定者虽然不是面对面的接触，但在网络空间通过 QQ 群聊、社区或贴吧发贴等形式能够有效地进行决策。另外，如果有偶像的非常重大或重要的活动，管理者会在网下实地进行讨论，然后再决策。

如果大众文化如费斯克所言充满了对抗的因素的话，那么作为从大众文化中生长出的迷文化，则更是散布着抵抗的因子。迷文化表现出的狂热崇拜和集体狂欢有意或无意地抵触与对抗着主流文化的价值观念体系，但它在与主流文化的碰撞交锋的过程中，也难以避免地接受收编，走向妥协，或者在互动中发生融合。

在抵抗与妥协之间

在依存中抵抗

在最基本的层面上，迷文化表现出对主流文化的宏大叙事的抵抗。尽管大众媒介总是主流文化和价值观念的阵地，在媒介文本的制作包括偶像的打造中，总是渗透着一个社会特定的主流价值观，但是，迷文化主体倾向于从个体出发，并以此为基点和起点来接收来自大众媒介的讯息而为我所用。譬如，一个姚明的粉丝往往关注他高超的球技、幽默的谈吐和得体的举止，而对有关姚明的报道中渗透着民族自豪和国家强盛的想象则并无强烈呼应；当一个美剧迷从互联网上追看一部又一部美剧，迫不及待地下载最新剧集的时候，他或她几乎不会考虑诸如美国文化殖民化、影像知识产权这类问题；当一个游戏迷沉浸于《三国杀》的时候，也很难去理会历史再现、暴力美学这类命题，而是尽享攻城略地、过关闯将、一路升级中的成功快感和技术体验；当一个又一个如李宇春这样的来自平民的偶像被粉丝们追捧的时候，主流文化所标举的典型和正统的训谕实际上已经被抛到九霄云外；美剧《越狱》主角迈克的扮演者米勒在中国固然有大量的“米饭”（米勒的粉丝），而邪恶之极、变态之至的 T-Bag 也照样有大量的“茶叶”（T-Bag 的粉丝），人们喜欢的是演员高超的演技。这就意味着在迷文化的实践中，每每呈现出不为主流文化所鼓励、所认可的东西，甚至呈现出与主流文化背道而驰、相互对立的东西。我们需要进一步探究这里面包含了哪些抵抗。

在最基本的层面上，迷文化表现出对主流文化的宏大叙事的抵抗。

伯明翰学派把亚文化的抵抗视为一种寻求认同，一种“个体将自我身份同至少另外某些身份相融合”[1]的过程。一般而

〔1〕 约翰·费斯克.关键概念 传播与文化研究辞典.李彬，译.北京：新华出版社，2004：127.

言，谁建构了集体认同，为谁建构了集体认同，大致上决定了这一认同的象征性内容，以及它对于那些接受或拒绝这个认同的人的意义。[1] 那些在社会支配性权力中处于边缘和弱势的群体，利用支配性的制度和渗透着主流意识形态的产品，建构了属于自己的表达，这一过程本身就可能代表了一种对主流文化价值观念的抗拒。在对大众文本“游牧”“盗猎”时，迷文化群体在大众媒介传递的主流文化形态中选取所迷的对象，并由此引发一系列的文化行为，实际上每每改写了原产品的符号意义，而转换为迷文化自身的符号，形成其对抗主流观念的表达。

譬如，在对偶像的生产和对崇拜之物的选择上，粉丝不再以媒体的选择和审美标准来确立自己的偶像，他们利用现代传媒新技术制造着自己的偶像。在传统的媒介造星模式中，媒介及控制媒介的社会力量是造星工厂的幕后决策者和操控者。他们不仅制定出一系列明星生产的标准，如张曼玉的温婉，林青霞的清丽，张国荣的儒雅，刘德华的帅气，而且还以此标准引导大众的审美和追求。而当今粉丝时代，由于媒介资源不再为少数集团和个人所掌控，借助现代传媒新技术的发展，粉丝也可以发出自己的声音，表达自己的好恶，甚至直接左右着明星偶像的生产。近些年的《超级女声》《加油！好男儿》《我型我秀》等选秀节目，粉丝们不仅利用手机、网络等为喜爱的选手积极投票，还不辞辛苦地为支持的选手上街拉选票，选出了诸如李宇春、宋晓波、师洋等颠覆了以往传统明星形象的平民偶像。起初，李宇春因过于中性的装扮而屡遭非议，宋晓波因聋哑而被人指责博同情、无实力，师洋因搞怪无厘头的表演风格而被指作秀、炒作。但是，粉丝们可不管这些，“玉米”对李宇春的支持甚至有人称其为宗教徒式的狂热，师洋的粉丝“格格”则在其生活落魄期间自

---

〔1〕 曼纽尔·卡斯特.认同的力量.北京：社会科学文献出版社，2006：6.

发捐资救助。在粉丝们看来,他们的偶像是独一无二、无人能及的,所以,无论他人如何非议,他们依然坚持生产自己的偶像,并一如既往地支持自己的偶像。

迷文化对主流文化的对抗还体现在迷群对媒介文本的改编上,尤其表现为迷群对文本意义的生产与争夺。作为"生产型受众"的迷群,他们在阅读作品的同时也在改变着作品,对传统文本解读方式中所谓的固定意义进行着一种有意识的抵抗。费斯克在谈及"生产的快感"时,曾将大众与宰制性意识形态的关系概括为两种——既可以是顺从式的,也可以是对抗式的。当宰制性意识形态及其所提倡的主体性符合大众的利益时,大众便会顺从此类意识形态与主体性;反之,大众便会对抗或修正此类意识形态与主体性。[1] 美剧迷们喜欢字幕组的翻译,一个重要的原因就是其翻译风格清新、幽默、无厘头。2008 年,由李安执导、汤唯和梁朝伟主演的电影《色·戒》在中国内地放映时,因其尺度过大而备受争议。时隔不久,汤唯被传因主演的电影《色·戒》有歌颂汉奸、侮辱爱国烈士之嫌,遭到封杀,汤唯也因此沉寂。而在汤唯的粉丝看来,王佳芝的选择恰恰反映出了人性的弱点,他们认为,原著和电影欲表达的是人性的自私与软弱,而非歌颂民族和国家。对于汤唯所演绎的王佳芝这一角色,粉丝们发表了各自的观点:"王原本就是一个没有得到爱的人……人生惨淡如斯,只幻想与汉奸的缠绵也许有一点温情,结果反被爱情出卖,成为为虎作伥的鬼。";"我想每个人都需要爱,而王佳芝她内心其实更需要爱,能够融化她各种悲伤的爱。"如此对所迷偶像及文本的解读,显示出独立于主流观念之外的判断和理解,他们更加注重从个人情感世界以及个性表达的表征以及人性的

〔1〕 约翰·费斯克.理解大众文化.王晓钰,宋伟杰,译.北京:中央编译出版社,2001:66.

角度来诠释文本。

借助对偶像的崇拜，迷群可以漠视现实社会中的礼法规范，甚至挑战主流文化中的意识形态，这在性别上的意识形态对立中表现得最为直观。芭芭拉·埃伦赖希（Barbara Ehrenreich）等人通过对披头士的女粉丝的研究指出，对明星的渴慕是女孩们表达性向往的一种方式，因为明星可以在没有利欲熏心的情况下被人疯狂地爱恋，公开宣称这种没有希望的爱就是对青春生活中精心算计的、实用主义的性压抑的抗议。[1]“艳照门事件”曾令张柏芝的形象大打折扣，身陷舆论的漩涡，并被冠以“荡妇”之名。婚变发生后，张柏芝再次被推上了道德的审判席，艳照阴影挥之不去。一直以来，张柏芝吸引粉丝的是敢爱敢恨、敢作敢为的“侠女”个性，芝迷们所欣赏的是她的勇敢和真性情。然而，“艳照门事件”让兼有妻子和母亲双重身份的她，背上了道德的枷锁。但是，粉丝们对她表现出一如既往的热情支持。离婚后的张柏芝，来到上海参加《舞林大会》的录制活动时，有粉丝为鼓励她而专门制作了视频片段。芝迷 kayee_chan 说：“她在私人空间做私人的事，现如今是看客们闯进人家的私密空间看别人的私密事”；“当时男未婚女未嫁，又不是杀人放火，有什么错？性不是肮脏污秽的，更不是男人占有女人的手段，只要双方你情我愿，难道不是美好而且值得享受的一件事？”[2]从这位女性粉丝的评论中，我们可以看出其对主导价值观念所宣扬的性丑恶、性禁忌以及男尊女卑等传统观念的不满与抵制。其实，深究起来不难发现，社会舆论以及谢霆锋的粉丝对于张柏芝的批判，多是在父权制的社会主导意识形态之下进行的，所以

〔1〕 参见芭芭拉·埃伦赖希等．我为披头士狂——女孩们只想寻开心．//陶东风主编．粉丝文化读本．北京：北京大学出版社，2009：235．

〔2〕 张柏芝挺起腰杆，爱不是施舍，更不是还债！．http：//tieba.baidu.com/f?kz=1125796229．

从某种程度上说，张柏芝的粉丝们从她那里汲取的是一种抵抗的力量，抵抗的是父权制和男权中心的意识形态。作为张柏芝的粉丝，kayee_chan 道出了其中的不公，表明了自己的立场和态度。

迷文化对主流文化观念的抵抗，其形式并非总是激烈的或极端的，而多是温和的、调侃的，往往充满了娱乐色彩。

迷文化的主要群体是青少年。在成长的过程中，青少年首先感受到的是主流文化的召唤，这种召唤体现在生活、教育、消费等各个方面。他们时刻被提醒着应该怎么做，应该做什么样的人，应该怎样为社会所需要，应该选择什么样的消费品。面对这样的召唤，有些年轻人选择了顺从，但是，也有一些年轻人选择了抵制或是抗拒。他们渴望拥有自己独立的身份，希望摆脱社会的束缚，借由特定的崇拜或迷恋的对象，找到了身份的认同和归属，抗拒主流文化的召唤。《生活大爆炸》这部美国情景喜剧，讲述的是四个科学宅男与一个美女的故事，四个男生都是智商高、情商低的理科宅男，经常搞乌龙的性格被粉丝们视为青涩、可爱的表现。该剧在中国吸引了不少粉丝，截至 2011 年 7 月 3 日 19:06 分，仅百度贴吧的发帖数量就已达到了 195 600 篇。

中国粉丝对这部剧的喜欢，与字幕组的翻译走的是搞笑路线密切相关。譬如：

字幕组对美剧《生活大爆炸》的风趣翻译。作为美剧迷的字幕组，置身自身语境抵抗主流文化。

> Lernord：Stars are pretty ... up above the world so high，like little diamonds in the sky ...
>
> （星星好漂漂啊，像天上的小钻石。）

Raj：That's beautiful，dude. You should write that down before someone steals it.

（太美了，兄弟，你该把这句话写下来，免得被人山寨了。）

风趣无厘头的翻译风格、网络语言的大量运用，是这部剧的一大看点。

Sheldon：She calls me Moon Pie because I'm nummy-nummy and she could just eat me up.

（她叫我月亮派，是因为我太口耐，她想把我吃掉。）

Sheldon：Penny，the labor force is living organism that must be carefully nurtured.

（佩妮，打工仔团体是需要被好好教育的。）

Penny：I'm so digging shamy.

（深入八一八谢米恋。）（注：shamy 是剧中 Sheldon 和 Amy 名字的合写）

Sheldon：I explained my predicament to our letter carrier.

（我跟咱的邮差解释了当前的囧境。）

Howard：You know，I'm really glad you decided to learn Mandarin.

Sheldon：Why?

Howard：Once you're fluent，you'll have a billion more people to annoy instead of me.

（霍华德：话说，你终于要学普通话了我还真高兴。

谢耳朵：为嘛？

霍华德：等你说顺溜了，有 10 多亿中国人民等着你去烦，你就不用来烦我了。）

字幕组成员在翻译中对网络语言或青年群体中流行语言的

选择，本身就是对主流规范的一种抵制，而那些对中国现实社会问题的“粘连”，同样也是在调侃戏谑之中表达讽喻之意，至于像把脑白金广告不时拿进来涮一下，更是对资本主导的文化符号系统的颠覆、嬉戏和抗议。

这样的对抗与抵制，根本源于迷文化与主流文化两者之间存在着结构性冲突。迷文化群体如同其他青年亚文化群体一样，“渴望超越他人的引导，而完全尊崇自我意识的引导”[1]。极力推崇自我和个性，尤其渴望表达自我的心声，希望冲破他人的引导和束缚，完全尊崇自我的意愿，然而，这种渴望总是遭到以塑造共识为理念的主流意识形态的压制，并被灌输社会统一的价值观，接受主导文化的规训。居于主导地位的权威机构和精英阶层几乎垄断了所有的经典阐释权，它们不仅预设了衡量经典的标准和经典文本的特征，而且规定了对待经典的态度和阐释经典的方式。“经典”的文化意指是神圣的、严肃的、深刻的，“经典”的艺术形式是规范的、精制的、独特的，对待“经典”的态度必须是崇敬的、景仰的、膜拜的，反之则视为对“经典”的亵渎。在这种强制规定下，青年学生的主体性受到了压制。而迷文化的实践则是他们在象征意义上摆脱了传统文化的规训和束缚，以解构“经典”、戏仿“经典”的方式表达对主流文化的嘲弄与抵制。2004 年，周星驰在高校巡回演讲时被中国人民大学工商学院、西南民族大学艺术学院聘为客座教授。在西南民族大学的受聘仪式上，当主持人问他“聘期是多长”的时候，

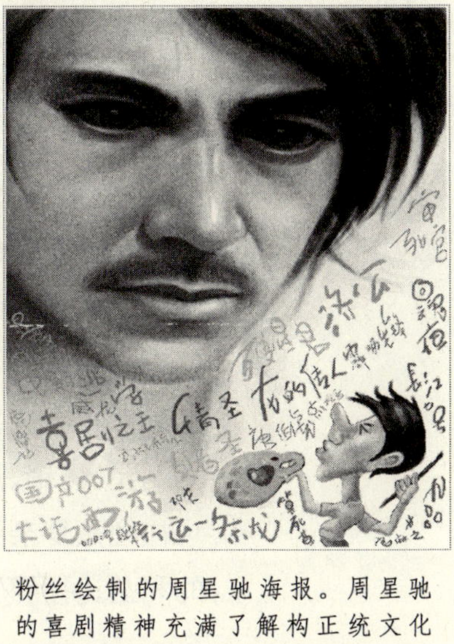

粉丝绘制的周星驰海报。周星驰的喜剧精神充满了解构正统文化的力量，并因此为他的粉丝喜爱。

〔1〕 任翔. 青年亚文化与价值冲突. 中国青年政治学院学报，2006(6).

全场学生高呼"一万年"。这本是《大话西游》里面一段经典台词的挪用与戏仿,而一些传统、严肃的学者对此却表示痛心疾首、难以接受,"这样的事情怎么会发生在大学?它只应该出现在娱乐场所"。在这些学者看来,大学是抵抗恶俗文化的中流砥柱,搞笑明星当教授把严肃的大学变成了搞笑的场所,助长了恶俗文化倾向。[1] 岳晓东在其论著《我是你的粉丝》中曾指出,迷群的主体在15岁至30岁之间,他们爱好广泛而时尚,喜爱新事物,喜爱娱乐,喜爱自我表现;在正襟危坐的主流文化看来,迷文化所钟爱的集体式狂欢是对严肃生活的嘲讽,迷文化所钟情的浪漫感伤情怀是对现实理性的疏离,迷文化的游戏心态是对真实人生的戏谑,迷文化表现出的幼稚化是对社会责任的逃避。总之,迷文化群体的快感被视为在社会秩序之外并对社会稳定的文化秩序构成威胁。

在正襟危坐的主流文化看来,迷文化所钟爱的集体式狂欢是对严肃生活的嘲讽,迷文化所钟情的浪漫感伤情怀是对现实理性的疏离,迷文化的游戏心态是对真实人生的戏谑,迷文化表现出的幼稚化是对社会责任的逃避。

柔软的身段

迪克·赫伯迪格(Dick Hebdige)指出,亚文化的表达形式通常以两种主要的途径被整合和收编到占统治地位的社会秩序中去——商业层面和意识形态。在商业层面上,"一种崭新的风格的创造与传播,无可避免地和生产、宣传、包装的过程密切相关,这必然也会抹杀亚文化的颠覆性"[2]。对迷文化来说,由于它与明星、畅销、流行等大众文化生产机制之间的关系暧昧,其立场往往是复杂而善变的:它时而站在反抗的立场,代表弱势群体的利益;时而又因主导文化对它的召唤,在协商的过程中呈现妥

〔1〕 棒喝时代:周星驰被聘大学教授 大学成为搞笑场. http://news.sina.com.cn/cul/2004-12-24/2414.html.

〔2〕 迪克·赫伯迪格. 亚文化:风格的意义. 陆道夫,胡疆峰,译. 北京:北京大学出版社,2009:117.

协之态。在大批量生产、宣传和包装的裹挟当中，迷文化显得摇摆不定，半推半就，以急速的风格化姿态去换取经济资本和社会资源，最终成为时尚和市场的同谋。上一节我们已经谈到商业对迷文化的介入甚至能够将本属于迷文化独特的实践方式也可以被转化为商业活动的形式。迷群即便是为了所迷而发出的抵抗，却也是在促进他们对媒介的依存度。譬如，美剧《罗斯威尔》(Roswell)讲述外星人高中生的故事，自1999年首播，一度被取消。当时FOX电视台遭遇了粉丝的现场抗议，除了条幅与抱怨声，还有上千瓶塔巴斯科辣酱。这招被《怪胎们》(Freaks and Geeks)的粉丝学去。2000年，为了抗议缩减剧集，粉丝团用信件、电子邮件和花生(有一受人爱戴的角色在剧中差点因花生过敏丧命)将NBC电视台包围。一名加州大学学生还在《每日综艺》上登了14英寸的抗议广告，所需费用3900美元，其中3300美元由粉丝一起掏。“每人每天发5封信”的号召引来了超过500万人次的声援，最终使《怪胎们》比预计增拍了3集。[1] 虽然如有评论指出的，粉丝的努力改变了电视传播的许多方面，但是从根本上来说，也表明了迷群对既有的主流的文化运行机制的依赖。

粉丝的热情为商业机制收编和利用，日渐成为商品化和市场化的重要筹码。而当迷文化与日常消费相联系，其风格的创造和传播就无可避免地与商业生产、宣传和包装的过程联系在一起，导致原有抵抗力量的削弱，呈现出妥协之态。

迷文化在被动接受大众媒介所代表的主流意识形态的命名、标签和诊断的同时，依然无法改变这样的事实：迷群所崇拜的偶像、所迷恋的对象，多来自于居于支配地位的大众传媒的塑造和传播。这就意味着迷文化必须依附于主流文化才能得以生存。

迷群所崇拜的偶像、所迷恋的对象，多来自于居于支配地位的大众传媒的塑造和传播。

[1] 参见：《越狱》的中国隐秘流行．三联生活周刊，2006(24)．

1995年《大话西游》刚开始在内地放映时票房并不尽如人意，不想引入高校后获得了莘莘学子的热情追捧，笼络了一批“大话迷”。这些“大话迷”早上起来照镜子要喊“猪啊”，看到一条小狗要叫它“旺财”，见到地上的蟑螂或碗里的苍蝇要大喊“小强”。《大话西游》及其所衍生的各种“大话”现象已经成为当代中国一种独特的文化类型，即“大话文化”。有研究者专门研究影片的巡回式结构、台词对白、经典解构等之于文化学上的意义，周星驰被推上后现代主义喜剧大师的位子，周星驰的电影也被冠以后现代、无厘头之名而被学院派拿来研究。2004年末，周星驰为宣传新作《功夫》到内地多所高校巡回演讲，不仅现场收获了无数学子的狂热崇拜，而且先后被西南民族大学艺术学院和中国人民大学工商学院聘为客座教授。这些事件表明，周星驰及其系列作品已经“楔入”了高等教育体制，“大话文化”也已经为高校文化整合收编。

费斯克在谈到粉丝现象时指出：“粉丝是由各种文化决定因素所组成的奇特混合物。一方面它是对形成于官方文化之外，并与官方文化相对立的大众文化的一种强化；另一方面它又反抗收编并重塑了与其对立的官方文化中的某些价值和特征。”[1]迷文化与其他亚文化一样，在迷群主体的文化实践中，也有大量的对主流文化内容和形式的吸收与模仿。譬如，玉米“雪儿恋宇”为偶像李宇春写了一首词：

石扰寂水，怎知清浅？无端惹春波，痕溢远。常低头，余迹平添半晕红；偶回眸，神罄空灵；稍言嬉，天高云懒。倍怜！孤生斜逸，寒梅一点。任粉面桃花多娇艳，如何敌？曾一度，看云淡风轻，不觉初更酒醒。未

---

〔1〕 约翰·费斯克. 粉都的文化经济∥陶东风. 粉丝文化读本. 北京：北京大学出版社，2009：6.

料得，虚年苦耗，更是处处关情。何苦何故，怎堪思量！

(《仕林梅骨》)[1]

作者自道“无端惹春波”，然而“孤生斜逸，寒梅一点”却又道出了李宇春的与众不同，非粉面桃花那般娇艳，却是让人不由得“虚年苦耗”“处处关情”。至于为何这般为伊消得人憔悴，作者自知已深深沉迷于其中，难以自拔，唯有自叹“怎堪思量”。这首词道出了玉米的心声，甚而有玉米专为这首词配了图片，皑皑白雪中的一点红，配上李宇春的一袭红装，更是相得益彰。

2005 年兴起的“中国风”，指以周杰伦、王力宏、陶喆为代表的，以 R&B 音乐风格为主，在创作手法上强调与民族传统文化元素相结合，作品中蕴含中国传统文化符号，并能引起听众民族审美心理共鸣的流行音乐民族化创作风潮及其音乐作品。[2] 具有代表性的作品有周杰伦的《双节棍》《龙拳》《青花瓷》《本草纲目》《千里之外》《霍元甲》等诸多为大众所熟稔的曲目。不得不承认，中国风音乐的流行增进了中国社会大众的文化认同。许多粉丝因为崇拜偶像喜欢这些作品，或者因为这些作品而崇拜这些偶像，由此而对中国传统文化有了更多的认识和感悟，并形成自身的表达。譬如，《青花瓷》这首歌，就有许多粉丝专门就这首歌写过赏析，粉丝潇潇暮雨是其中的代表：

论意境，《青花瓷》宛然一幅烟雨朦胧的江南水墨山水，水云萌动之间依稀可见伊人白衣素袂、裙带纷飞；论词句，《青花瓷》却是一幅笔端蕴秀临窗写就的素

---

〔1〕 百度贴吧李宇春吧 http://tieba.baidu.com/f? kz=665613300.

〔2〕 李晓英，高渊.全球化背景下的跨文化音乐传播——流行音乐吹来中国风.新闻世界，2010(7).

心笺，走笔曲折只因心似双丝网，中有千千结；论曲调，《青花瓷》仿佛微风中静静流淌石上的山泉溪涧，清冷透亮而又蜿蜒回环多有不尽之意。〔1〕

在这样的赏析文字里，不难看出粉丝对文化传统的强烈体认和痴迷，这也就意味着，迷文化包含的价值认同和体验是多方面的。在某种意义上，像“潇潇暮雨”这样的粉丝所进行的诠释，不啻是对偶像文本的再度创作，更是在以其特有的方式对传统进行现代转换，也因此而大大丰富了大众文化和流行文化。古典诗文的方式为粉丝所采用，也许只是少数的情形，但是它说明的却是迷文化对主文化的承袭和利用，这恰恰是亚文化的一般处境——无法独立于主文化的存在，而必得表现出依附性，也就在这里有着迷文化妥协的根源。

这种妥协更突出的表现是迎合主文化。主流意识形态一直致力于将处于分散、无序、零碎状态的大众文化和亚文化，重新纳入到其所能控制的文化生产、宣传和消费过程中来。在这样的情形中，迷文化无法彻底地抵制主流文化霸权、避开各种社会控制、追求独立的自我表达，相反，它也希望通过自我表演引起大众媒体的关注，因为大众媒介工业生产中的权威仍然支配着歌曲、影视剧、动漫、体育等媒介文本的生产内容和文化走向。迷文化为获得社会合法的认可和长久的发展，势必不同程度地向主流文化趋近，征得后者的认可。我们看到，为了支持偶像，为了给偶像增加人气、扩大偶像的影响力，粉丝们总是在迎合媒体和商业机构的利益，为偶像投票拉票，购买偶像的专辑，观看偶像主演的电影、电视剧，参加偶像的歌友会、见面会等。

迷群不仅自己追捧偶像，也非常乐于将自己的偶像推销出去，获得社会主流阶层的认可。

迷群不仅自己追捧偶像，也非常乐于将自己的偶像推销出

〔1〕 潇潇暮雨 http://zhaoxiaoxin.blog.sohu.com/78681957.html.

去，获得社会主流阶层的认可。百度贴吧里动员粉丝为偶像打榜投票的帖子非常多，只要有相关机构组织人物评选、作品评选、音乐排行等活动，就会有积极的粉丝出来动员组织其他粉丝为偶像顶帖、刷屏、投票，号召用行动支持偶像，以增加偶像及其影视剧、音乐作品的搜索量，誓把偶像推向冠军的宝座。在粉丝们看来，获得主流阶层的认可意味着合法性与正当性，同时，也意味着更全面的关注和更深刻的影响力。所以，当李宇春2011年的新专辑《会跳舞的文艺青年》一举夺得当当、亚马逊中国、星外星、京东四大网站音乐专辑销量榜冠军时，玉米们欢呼雀跃，奔走相告；还有不少粉丝力挺李宇春上央视春晚，希望偶像能站在春晚的舞台上，获得全国亿万观众的认可。[1]

对粉丝的再现

作为主流的意识形态，总想最大限度地降低差异，构建文化认同和社会共识，以此抵御各种亚文化的反抗意识，维护现有的统治秩序。如果说，媒介主导的娱乐文化对迷文化表现出在培植、利用的过程中包含着来自后者的抵抗的话，那么，主流媒介则在引导人们如何看待迷文化上显示出其话语权力的权威地位，在其关于迷文化的话语中，显示了主流文化观念意欲对迷文化进行界定、规范和限制的意图，以此实现主流文化对迷文化的控制和转化。主流媒介这样的意图渗透在日常的迷文化再现中，而对极端粉丝行为的再现则可使这种意图得以放大和凸显。我们以央视对杨丽娟事件的再现为个案，对这一问题加以分析。

2006年3月22日，《兰州晨报》一篇题为《不见刘德华　今生不嫁人》的报道，将媒体和公众的注意力引向了28岁的兰州

[1] 百度贴吧李宇春吧 http://tieba.baidu.com/f?kz=895717656.

女子林鹃(杨丽娟的化名)身上。报道称,林鹃苦追偶像刘德华12年以致一家人倾家荡产,老父为满足女儿见偶像的愿望甘愿卖肾筹款。杨丽娟12年的追星历程经《兰州晨报》披露后,各大媒体相继跟进,引发社会各界的广泛讨论。2007年3月26日凌晨,杨父因不满刘德华未与女儿单独见面而在香港跳海自杀,消息传出,再次引起国内媒体对"杨丽娟事件"的全面关注。

这一事件过去后,学界对大众传播媒介在杨丽娟事件中的作用、表现、教训等,已有许多相关讨论。有学者认为在此事件中媒体从业人员对新闻价值观的理解发生了偏差;还有观点指出,媒体的介入式策划改变了事件的发展方向,最终导致了悲剧的发生;有学者指出"杨丽娟追星事件"是一桩典型的"传媒假事件",在报道"杨丽娟追星事件"的过程中,新闻媒体既是新闻事件的发起人,又是新闻事件的报道者,兼具消息来源和报道者的双重角色,呈现出"传媒假事件"的典型特征;也有论者指出,媒体以娱乐化的方式报道"杨丽娟事件",体现不出媒体应有的人文关怀,反映出媒体的社会责任和职业道德的缺失;还有论者指出大众传播媒介在迷的形成中起到关键作用,认为媒体通过高新传播科技手段和大量同质化信息,营造出一种"超真实"的虚拟环境,大多数迷在"拟态环境"中迷失自我,进而陷入对明星的盲目崇拜之中。

少有学者从大众媒介与迷文化的关系入手探讨这一现象。学者们的这些讨论对我们理解杨丽娟事件不无启示性价值,但是需要指出的是:其一,这些讨论没有充分注意到迷群的亚文化性质。"粉丝"现象作为一种独特的社会文化现象,呈现出鲜明的亚文化性质,这是因为粉丝群体以其特有的兴趣和习惯,以他们的身份、他们所做的事以及他们做事的地点而在某些方面呈现为非常规状态(non-normative)和/或边缘状态的人。其二,与此相联系的是,这些讨论没有充分注意大众传播媒介作为主流文化重要的表意系统，其在对杨丽娟这样的亚文化人群及其活动的再现中如何表现出其文化霸权的地位和特质，及在此过程中产生的文化冲突的意涵。另外，这些讨论普遍缺少对具体的媒介报道进行持续、集中的观察，因此多为宏观的、总体的意见，而缺乏更具针对性的意见。鉴于此，我们希望通过对大众传播媒介再现“杨丽娟事件”的再思考，探讨大众传播媒介究竟塑造了怎样的粉丝形象，依循怎样的媒介逻辑将主流文化的意识形态安放在突出的粉丝文化个案之中。作为中国最大的电视传播机构，中央电视台面向中国最广大的受众，传播主流文化、主流思想和主流生活方式，在国内具有广泛而深刻的影响力，所以我们选择它对“杨丽娟事件”的报道作为集中考察的对象，解析其构建的阐释框架，揭示主流文化与粉丝亚文化的关系状态。

杨丽娟的追星历程经由 2006 年 3 月 22 日《兰州晨报》报道后，引起众多媒体的跟进。2006 年中央电视台新闻频道曾做过两次较为详尽的报道：一是东方时空《时空调查》制作播出了《家有追星族》，报道主题定于孩子追星对家长和家庭造成的困扰；二是新闻社区《编辑说事儿》详细报道了杨丽娟的追星梦。2007 年杨丽娟父亲杨勤冀在香港码头跳海身亡，央视对杨丽娟事件的报道热度骤然升温，不仅新闻频道，法治频道、综艺频道、经济频道等也开始关注“杨丽娟事件”：新闻频道连续两天在新闻社区用 10 分钟左右的时长详细报道了这一事件；法治频道在晚间黄金档栏目《中国法治报道》和《大家看法》中报道、讨论了杨丽娟的追星悲剧；经济频道在《全球资讯榜》的播报中报道了杨父跳海的消息；综艺频道在《四月文化月谈》中讨论了这一事件。央视的报道样式和节目形态虽各有不同，但是它们体现了大致相同的媒介逻辑，在事实选择、报道模式、思维方式、重点设置等方面都呈现了相同或相近的话语特征，共同完成了主流意识形态对粉丝亚文化的书写。

就对新闻事件的再现而言，媒介逻辑的起点在于对具有所谓新闻价值的事件的关注和选择。“杨丽娟事件”包含的非正常性、冲突性、显著性和趣味性等，无不符合媒介的新闻选择标准，也就是说这样的事件一旦发生，媒介将不遗余力地予以报道，以此吸引公众的注意，牵动公众的视线。我们看到，一如其他媒体，中央电视台也投入大量时段报道和评述这一事件。也许，对具有新闻价值事件的关注无可厚非，但是此间的媒介痼疾在于重视“非常”而忽略“日常”，由此导致的结果是以非常规的事件的凸显，而左右和主导公众对事件常态的把握和认知。就“杨丽娟事件”而言，央视的再现将人们引向了所谓病态粉丝的关注，而忽略了粉丝文化整体的常态。也就是说，它将杨丽娟从粉丝亚文化群体之中抽取出来并作为突出的、极端的代表从而完成了对粉丝亚文化的边缘性、非理性和破坏性的界定。正如有学者指出的，大众媒介经常通过典型个案实现了对粉丝形象的类型学归纳，使公众能够在认知少数甚至单个粉丝的基础上建立起对粉丝整体的想象和期待，商业利益和意识形态则是媒体选择建构角度的出发点和最终目的[1]。如此，央视的报道和评论不仅将杨丽娟作为特殊的个体抽离出整个的粉丝亚文化存在，而且将粉丝亚文化存在作为孤立的文化实践从其所属的文化整体中抽离出来。

综观中央电视台对“杨丽娟事件”的报道发现，媒体的报道模式基本遵循三步曲：第一步，报道现实——杨父跳海后，杨丽娟痛哭并声讨刘德华，要求刘完成父亲遗愿；第二步，回顾历史——追溯杨丽娟 12 年的追星历程，其间，“辍学”“举债”“卖肾”“赴港”等字眼重复出现；第三步，诊断病症——就“杨丽娟事件”采访心理专家、青少年问题专家、文化评论家，这些专家的

〔1〕 蔡骐.论大众媒介对粉丝形象的建构.新闻与传播研究，2010(2).

“诊断”无一例外地将杨丽娟定位于“病态”的粉丝。这样的报道模式，重点显然落在了“诊断”这个环节，而此前的事件导入和历程回顾无不为诊断做好铺垫。专家的“诊断”突出了杨丽娟追星过程中的非理性和偏执，唤起受众对以杨丽娟为代表的粉丝群体的“非我族类”之感。杨丽娟作为粉丝的破坏性或曰“暴力”成分显得异常突出——不仅伤害家庭，害死父亲，也困扰了明星。虽然，这些专家并不都是精神分析或心理医生专业，但是，他们对迷狂、入魔、分裂、非理性等语汇的引用，恰如麦特·希尔斯所指出的那样，其所指称的粉丝的“暴力”，无不显得“像是从详细的精神分析推论中流曳而出，从而转移至对于‘精神错乱的’迷的刻板印象中，导致临床术语得以滋养对于迷的‘常识性’贬损”。[1]在这样的过程中，专家的权威被纳入媒介自身权威形象的建构之中，使媒介空间成为主流观念主宰的场域，因而强化了媒介代表的主流社会对非主流人群的不容置疑的道德优越感和权力合法性。

进一步看，对央视这种再现模式构成支撑的是二元对立的思维方式。二元对立是人类思维之中的重要机制，两个要素之间的差异即会形成对立，差异导致的二元对立形成比较之后的判断，即“相对于什么”的判断，但是比较的前提通常会被省略，从而形成非此即彼的认识逻辑。新闻话语中的二元对立产生了“他者化”现象，即“把某些特定的社会行为贴上了‘越轨’的标签。同样道理，某些特定的社会群体也被含蓄地再现为区别于‘我们其余人’的‘他者’”。[2] 媒体肯定或否定其中的某一方面，实质上也包含了对另一方面的贬斥或者认同。央视对“杨丽

---

〔1〕 Matt Hills.迷文化.朱华瑄，译.台北：台湾韦伯文化出版社，2005：165.

〔2〕 格雷姆·伯顿.媒体与社会：批判的视角.史安斌等，译.北京：清华大学出版社，2007(324).

娟事件”的报道和评论建立了一系列的二元对立关系，具体表现在四个方面：一是“圆梦”与“幻想”的对立，杨丽娟因“梦”追星12年，杨家称见面是为女儿“圆梦”，媒体采访的专家则称其为“青春期坚定的妄想色彩的幻想”[1]；二是“孝顺”与“自私”的对立，媒体在报道中不乏“追星散尽家财”“老父卖肾筹旅费”等说辞，杨丽娟在媒体的聚光灯下成为千夫所指的不孝女；三是“喜爱”与“迫害”的对立，杨丽娟追星12年的传奇故事，引起包括明星在内的社会公众的广泛讨论，认为明星应该有自我的空间，追星不应构成对明星生活的干扰甚至破坏，刘德华本人批评杨丽娟的话语和画面被电视节目反复引用；四是“理智”与“疯狂”的对立，不仅在众多专家看来，杨丽娟的追星梦是患有严重精神疾病和心理疾病的表现，接受采访的孩子家长也都表示，杨丽娟的追星行为是不理智的、疯狂的，甚至是“有病的”。这样的二元对立，框定了对错与好坏的界限，杨丽娟便被设定为一个越界者。而对央视所代表的主流文化来说，将粉丝设想为越轨者的后果之一，便是自我安慰——“我们”是安全的，因为“我们”不像“他们”那样不正常，世界是安全的，因为现实和虚幻之间，不可改变的东西和可以争取的东西之间有着明确的界限。[2]

这样的二元对立，框定了对错与好坏的界限，杨丽娟便被设定为一个越界者。

与上述情况相应，央视再现“杨丽娟事件”的媒介逻辑，也体现于对关注和强调的重点的分布。

我们看到，央视在报道或评论中，将杨丽娟的偏离行为逐条列出作为“病症”的表征，“病症”成为杨丽娟事件的核心信息。央视新闻频道《时空调查》栏目联合新浪网就“追星对家长和家

---

〔1〕 源自央视新闻频道《新闻追踪：老父亲跳海自尽　女歌迷不改初衷》中中日友好医院心理学教授李子勋在接受《新闻社区》专家连线采访时的表述。

〔2〕 朱莉·詹森.作为病态的粉都——定性的后果.杨玲译//陶东风主编.粉丝文化读本.北京大学出版社2009：130.

庭造成什么样的困扰”的问题进行调查，据此制作播出了《家有“追星族”》专题。在这个专题中，类似于杨丽娟的追星行为都被称为“疾病”。为了加强疾病的隐喻的力量，这个专题的主持人甚至援引了20年前郭达、蔡明和赵丽蓉合演的小品《追星族》，这个小品列举出粉丝行为的四种“病症”表现：症状一，不分场合盲目模仿明星的行为举止；症状二，对明星的一切不加判断地崇拜和接受；症状三，除了追星，对其他的事情毫无兴趣；症状四，除了追星，对他人漠不关心。对“疾病”的强调与凸显，使其成为粉丝亚文化存在的一种隐喻；而且疾病的隐喻在此间由个体而延伸至群体，由独特的粉丝个案而扩展及一般的粉丝文化。如此，公众有关粉丝群体的集体想象被定格于疾病的隐喻，反证了主流文化的“健康”，强化了其不言而喻的正常与正当的地位。对杨丽娟这样的粉丝做出病症的诊断，是以粉丝的主体身份的缺席为条件的，制作者“将情感反复不断地‘修饰剪裁’成单一且界限分明的形态”[1]，而让观众无法真正地进入杨丽娟真实的内心世界。在这种情况下，杨丽娟自己的话语即使时有出现，也是被引向“她有病”的判断或暗示。好几个节目都引述了她讲述自己就因为一个梦而迷上了刘德华，还引述她在父亲死后要求刘德华道歉和祭拜的话语，这些话语被置于“诊断”的语境，而脱离了主体的存在。

央视还用很多的篇幅聚焦于杨丽娟个人和家庭的不幸。节目中反复提及的是，杨丽娟为追星圆梦而“荒废学业、散尽家财”，她父亲讲述自己如何为了满足女儿的梦想的画面也几乎出现于每个节目中。与此相应的是，节目里出现的专家、嘉宾、观众和网友们，无一例外地将板子打在杨丽娟个人及其父母的教育问题上。《大家看法》在报道“杨丽娟事件”时，做了一个题为

〔1〕 Matt Hills. 迷文化. 朱华瑄，译. 台北：台湾韦伯文化出版社，2005：157.

"阿娟父亲的自杀,错在谁?"的网上调查,调查结果为"阿娟57%,阿娟父亲28%,明星2%,阿娟的家庭12%"。且不论调查结果的可信度如何,问题下设的四个选项涉及杨丽娟一家的就占据了三个,这种设置已经表明了媒体对这一问题的态度和倾向。主持人最后还引用网友的评论"点题":"阿娟精神空虚,自私自利,毫无孝道到极点;阿娟的父亲,溺爱孩子,糊涂到极点;这个家庭悲剧到极点"。《大家看法》节目的宗旨"用大家的智慧,探寻解决问题的思路""用大家的力量,帮助那些需要帮助的人",在对"杨丽娟事件"的报道中难觅踪影。大家用一套广为接受的社会道德或科学常识的话语分析杨丽娟及其家庭的不幸,却将其与"我们"隔绝开来,与社会隔绝开来。正如朱莉·詹森(Jolie Jensen)所尖锐地指出的那样,"我们太过轻易地使用社会和心理研究来发展和维护一种自私自利的道德风景。这个地带在我们心中培育出令人可耻的优越感,它让他人成为受外在力量摆布的例子,同时暗示我们仍然是纯洁的、自主的、不受影响的"[1]。媒介的如此再现制造出杨丽娟所属的粉丝亚文化群体"他们"与"我们"大众所在的社会群体之间的对立关系,并将亚文化群体从社会群体和文化整体中隔离开来。

央视对"杨丽娟事件"的再现中,另一个强调的重点是杨丽娟的幻想。麦特·希尔斯在分析人们对粉丝刻板印象形成过程时指出,人们不断地将焦点放在迷的情感、情绪、幻想等方面,将情绪或幻想从认知或知识中分离出来,很有可能是许多道德二元论里典型具有的特质。这种道德二元论在央视的媒介语境中,表现为对梦想与幻想的区别,即梦想是人类对于美好事物的一种憧憬和渴望,有时也是不切实际的,但却是人类最天真最美

〔1〕 朱莉·詹森.作为病态的粉都——定性的后果.杨玲译//陶东风主编.粉丝文化读本.北京大学出版社2009(131).

丽的愿望；而幻想则是指违背客观规律、不可能实现的，荒谬的想法或希望。杨丽娟多次表明见偶像刘德华是为了“圆梦”，但媒体的报道和评述，将其定性为“幻想”，称其为“妄想”“疯狂”，冠之以“疯狂歌迷”“痴迷追星”的标签，甚至直接以揶揄讽刺的口吻极尽批评之能事。美国的粉丝文化研究者曾强调幻想之于粉丝的意义，指出“幻想是人类拥有的与困难情境协商的方式。当欲望被禁止，而对完全满足的渴望却仍然存在时，断裂产生了。幻想就在这个断裂上搭起了一座桥”。而自从大众媒介兴起之后，“幻想得以被塑造的一个方法便是利用明星形象。……这些明星形象经常与幻想者的个人生活纠缠在一起，并成为被压抑的、寻求完满欲望的重要符号”[1]。对比斯蒂芬·海纳曼(Stephen Heyneman)为粉丝幻想的辩护，我们可以窥见，央视对幻想的贬抑是对现代媒介传播和娱乐工业作为粉丝幻想肇因的有意无意的回避，是对明星作为激发和塑造粉丝幻想的源泉的否认。这种回避或否认同样维护的是主流文化的生产机制。

央视对“杨丽娟事件”上述各个方面的强调中，也呈现出某种暧昧的同情。央视一方面采用心理专家的观点，认为杨丽娟及其父母都有精神疾病和心理问题，不能将杨丽娟等同于普通的追星族，称其需要治疗，如新闻频道以《老父亲跳海自尽 女歌迷不改初衷》为题报道了杨父跳海的消息，针对网友对杨丽娟及其家人的批评，主持人呼吁社会公众“对杨丽娟少些责难，多一些道义上的宽容与帮助”；另一方面，正如我们上面的分析所揭示的那样，央视在新闻报道和评论中，每每将杨丽娟置于二元对立的语式所凸显的负面评价之中，对杨丽娟及其家庭悲剧鲜有真正的关切。如此的暧昧并非简单地因为

〔1〕 斯蒂芬·海纳曼.“我将在你身边”——粉丝、幻想和埃尔维斯的形象.贺玉高，译.//陶东风主编.粉丝文化读本.北京大学出版社 2009:155—156.

不同频道、不同节目持有不同的立场和观点，而是主流媒介所代表的主流文化自身的矛盾：一方面是其面对亚文化存在时的文化优越感，显示为高高在上的同情；另一方面，由于这种优越感和同情的表达是建立在文化话语权力的运作之中，而并非深入体贴对象存在的结果，故而难以真正地祛除粉丝亚文化对社会秩序、主流规范的破坏性，于是在对对象的竭力贬抑之中控制后者的威胁所带来的道德恐慌。简言之，这种暧昧是大众传播媒介作为主流文化代表的宣判功能和修复功能之间的矛盾所致。

这种暧昧是大众传播媒介作为主流文化代表的宣判功能和修复功能之间的矛盾所致。

美国学者朱莉·詹森指出，粉丝经常被学者和大众概括为两种病态类型——着魔的独狼(obsessed loner)和歇斯底里的群众。前者是指在媒介的影响下，进入了和名流人物的强烈的幻想关系，这些个体因跟踪、威胁或杀害名流而臭名昭著；后者是指疯狂的或歇斯底里的人群中的一员，或是那些在机场因瞥见摇滚歌星而尖叫、哭泣的青少年，或是在足球比赛中咆哮、骚乱的狂热球迷。央视对"杨丽娟事件"再现的媒介逻辑，可谓为我们塑造了一个"着魔的独狼"的形象。就其粉丝的身份而言，杨丽娟并非一个特殊的个案，而将极端粉丝现象植根于现代社会的文化土壤之中。粉丝亚文化群体，渴望自我实现，他们在偶像身上寄予希望和梦想，找到认同和归属，并以此对抗主流文化的召唤。这不仅体现在明星偶像崇拜之中，也体现在游戏迷、动漫迷、网瘾者、玄幻小说迷等等现代各种媒介迷的活动之中。而央视对"杨丽娟事件"的再现让我们看到，媒介通过选择特定的"这一个"，通过二元对立的思维模式和再现方式，通过对关乎对象真实存在的选择性关注，完成了主流文化对粉丝亚文化的规制和界定，回避了对粉丝亚文化真实而全面的图景的呈现。这表明，媒介的意识形态功能已经内化到其运作机制与思维模式之中，恰如费斯克所指出的那样，"意识形态被视为意指与话语领域内不平等的社会关系进行再生产的过程”[1]，代表着主流文化观念的大众传媒，在看起来恰如其专业职分所需而对非同寻常的“个别特例”的选择中使主流价值观念的呈现显得如此自然而然，于是“在塑造和维持共识上扮演了关键的角色”，展开意识形态的工作，即，在“主导意识形态话语”中，大众传播媒介“对世界分门别类”，在“被偏爱的”和“被排除的”解读之间，在有意义的事物和无意义的事物之间，在正常人和离经叛道者之间不断地划分界线，提供概念，从而发挥着“意识形态效果”的功能[2]。

通过央视对“杨丽娟事件”的报道和评述，我们可以看到，媒介的意识形态功能的发挥，是以再现的偏差为代价的。一个非常重要的方面是，在“培育粉丝的幻想和欲望成为商业文化制作的一个重要关切”[3]的现实语境下，央视的再现对社会和媒介在“杨丽娟事件”中所起的作用避而不谈，对媒介关联的娱乐文化及其效应亦无涉及。当代社会中，媒介以及紧相关联的娱乐文化产业所形成的驱动力作用于粉丝文化发展的各个环节，它让明星偶像接近受众，催生粉丝文化的主体，又极力对粉丝文化进行塑造，运用各种媒介功能对粉丝沉迷的客体进行着潜在的规定。高度发达的媒介传送着海量的而又缺少内在联系的文字、图像和声音的文本，深度介入人的存在，主体已经呈现出片断的、互不关联的、流动性的特征，以至于迷失在媒体所建构的虚幻的光影世界中。极端粉丝的行为实际上让我们看到粉丝文

媒介的意识形态功能的发挥，是以再现的偏差为代价的。

〔1〕 约翰·费斯克等编．关键概念：传播与文化研究辞典．李彬，译注．北京：新华出版社 2004：128.

〔2〕 迪克·赫伯迪格．亚文化：风格的意义．陆道夫、胡疆锋，译．北京：北京大学出版社 2009：107.

〔3〕 科奈尔·桑德沃斯．内在的粉丝——粉都和精神分析．杨玲译．//陶东风主编．粉丝文化读本．北京：北京大学出版社 2009：155.

化主体对真实与虚幻之界的模糊可以达到怎样的程度，也以此折射出文化整体的处境。在文化日益碎片化的现代社会，个体失去了稳定的身份，逐渐与家庭、朋友和社群脱节，使得个体易受非理性诉求的影响；为摆脱内心的孤独和恐惧，个体开始寻找情感的寄托和依恋对象；发达的媒介看起来能够如此满足各种各样的需要，为孤立的个体提供了一种虚幻的体验，以满足人们现实生活中"本真"关系之缺乏的尝试。在社会上孤立、不擅长社交、自我封闭的人，容易为大众媒介所引诱，陷入和明星的幻想性沟通之中，并最终跨越了正常的底线，演变为偏离正常的迷恋。这样的过程，也昭示了社会中各种结构性矛盾（主要集中在阶级、性别、种族、代际、性取向和消费方式）的普遍存在，而且这些结构性矛盾往往呈现为处于从属（或弱势）地位的群体对占主导地位的阶层或意识形态的偏离、背弃甚或抵抗。"从更深层的意义上来讲，'迷'文化代表了异彩纷呈的后现代时期人们对新身份/认同的构筑与打造。"[1]

与上述方面相联系，央视对"杨丽娟事件"的再现，也忽略了粉丝以其对所迷对象的深度情感投入区别于一般的喜爱，"通过调动和组织情感投入可以建构出个人的身份"[2]这一事实。从情感的维度看，粉丝的幻想的实质在于在强烈情感驱动下对完满的自我身份的渴望，以弥合现实与欲望之间的裂痕。现代粉丝文化是在信仰缺失的情境中对信仰的力量的吁求，它以对明星偶像的膜拜代替了对神灵的敬畏，以亚文化群体的部落式存在代替了由信念系统统一和支配的传统社会存在。

从情感的维度看，粉丝的幻想的实质在于在强烈情感驱动下对完满的自我身份的渴望，以弥合现实与欲望之间的裂痕。

以上分析表明，央视作为我国国内最具影响力的大众传播

〔1〕 刘燕.媒介认同论.北京:中国传媒大学出版社,2010:58.

〔2〕 参见:劳伦斯·克罗斯伯格.这屋里有粉丝吗？——粉都的情感感受力.卢世杰译.//陶东风.粉丝文化读本.北京:北京大学出版社,2009:134.

媒介，以主流文化及其意识形态为出发点建构起粉丝亚文化的报道角度和阐释框架，它通过一系列媒介方式，在凸显“杨丽娟事件”的相关方面的同时，有意识忽略了这个个案的背景和土壤中包含的社会结构性冲突和矛盾。央视以此确立其意识形态话语权威的形象和功能，却不能全面地、切近地反映粉丝亚文化及其与文化整体的复杂关联。这在我们看来，不利于社会公众对粉丝群体的认知和理解，也无助于主流文化对粉丝亚文化或其他类型的青年亚文化进行疏导或转化。

中国当代迷文化大事记

1978 年　日本电影《追捕》进入国内电影市场，引起轰动，特别是男主角的硬汉形象深入人心。

1979 年　法国电影《佐罗》在国内上映，其中阿兰·德隆西方侠客的形象俘获了大量粉丝。

电影《小花》上映，塑造了明星偶像效应，陈冲、刘晓庆、唐国强三位演员因这部影片成为一代偶像。

1980 年　邓丽君广受欢迎，其歌声通过相对地下的方式：翻录磁带、盗版磁带、翻唱集锦的方式在年轻人中迅速流传开来。

我国首次引进大型科幻片《大西洋底来的人》，迈克·哈里斯的造型成为流行时尚，太阳镜、喇叭裤在年轻人中风靡一时。

中国影协决定恢复中断 17 年的百花奖评选，第 3 届百花奖授奖大会在京举行。

9 月 23 日，“新星音乐会”在首都体育馆上演，一首《军港之夜》红遍了大江南北，朱明瑛、苏小明等歌手开始走红，宣告了中国内地新流行音乐的诞生。

1982 年　中央电视台引进日本电视连续剧《血疑》，“幸子头”“幸子衫”受追捧，偶像的商业价值开始显现。

《少林寺》上映，李连杰从一个武术冠军一举成为家喻户晓的大影星，引发热潮。

由香港亚洲电视台制作的《霍元甲》被内地引进，成为第一部在内地播放的香港电视连续剧。它引发了收视热潮，形成了万人空巷的盛景，其主题曲《万里长城永不倒》传唱神州大地，成为经典。 1983 年

由香港 TVB 制作、翁美玲与黄日华主演的电视剧《射雕英雄传》在内地播放后引起轰动，其中的靖哥哥和蓉儿成为那个时代的经典记忆。

《上海滩》播出后，周润发和赵雅芝受到追捧，黑风衣和白围巾引领了当时的时尚潮流。

日本电视连续剧《排球女将》风靡中国，小鹿纯子成为当时最受欢迎的女主角，也成为激励那个时代的人奋发向上的标志人物之一。

在当年的春节联欢晚会上，张明敏演唱的《我的中国心》一夜之间风靡神州大地。 1984 年

4 月 7 日，英国“威猛乐队”来到中国，他在北京和广州举办了两场音乐会，在没有任何宣传的情况下，上万张门票依然被连夜排队的人们抢购一空。 1985 年

费翔在太平洋影音公司录制了他在祖国大陆的首张专辑《跨越四海的歌声》，其中《故乡的云》《冬天里的一把火》等歌曲红遍整个中国。 1986 年

美国影片《霹雳舞》引发热潮，观众被影片中的舞姿吸引，手 1987 年

戴露指皮手套、身着蝙蝠衫、头裹绷带、脚踩高帮运动鞋成为新的潮流。

1988 年　中央电视台在《潮——来自台湾的歌声》中第一次播放了包括小虎队、王杰等当红歌星的 MTV，小虎队等进入人们的视线。

BEYOND 乐队在当时国内最大的室内场馆——北京首都体育馆举行了两场演唱会，上座率达九成。

1990 年　50 集电视连续剧《渴望》播出，首次形成了由本土电视剧引发的追捧热潮，也将第一代本土电视明星推向前台。

BEYOND 乐队发行第一张国语大碟《大地》，引发了歌迷对其的追捧。

1991 年　琼瑶剧正式开始席卷祖国大陆，《几度夕阳红》《在水一方》《雪珂》《青青河边草》《一帘幽梦》《婉君》等剧热播。

1992 年　四大天王热潮涌入内地，四位歌手成为家喻户晓的明星，《谢谢你的爱》《一路上有你》《对你爱不完》《今夜你会不会来》成为经典并点燃大众的追星热情，“追星族”一词基本上出自这个时期。

1993 年　6 月，BEYOND 乐队的主唱黄家驹在东京因意外去世，引发各地的悼念活动。

1994 年　由高晓松创作、老狼演唱的《同桌的你》一夜走红，校园民谣专辑进入人们的视线。

周星驰的《大话西游》风靡内地，周氏无厘头喜剧风格开始受到关注。 1995 年

韩剧《星梦奇缘》进入人们的视线，“韩流”开始正式拉开序幕。 1997 年

《还珠格格Ⅰ》的平均收视率超过 42%，“小燕子”成为当时 8～15 岁中国少女所期望模仿的对象。 1998 年

《泰坦尼克号》热映，创下了 3.6 亿人民币的票房纪录。

3 月，“中国动漫网”在重庆市成立，它是国内成立较早的动漫门户网站。 2000 年

8 月，网络游戏华义公司以旗下主力产品“石器时代”名号举办“2001 年石器最佳 Cosplay 大赛”，这是国内比较早举办的角色扮演大赛。

湖南电视台推出第一届《超级女声》歌唱选秀节目。 2004 年

芙蓉姐姐以其自信的文笔与特殊的姿态，成为网络红人。芙蓉姐姐连续 3 年蝉联百度搜索风云榜冠军，被各大媒体称为“前无古人，后无来者”。

5 月，杭州举办“首届卡通漫画节 Cosplay 大赛”。

11 月，“失传相声专场”带火了天桥乐茶园及德云社，郭德纲也随之红了起来，在北京演出时他创下返场 22 次的相声演出新纪录，媒体盛赞他是突如其来的相声新偶像。

12 月，为配合周星驰的新片《功夫》的推出，号称“fan 屎”的星爷粉丝在台湾地区出版《我爱周星驰》一书，各界名人包括艺人孙燕姿、周华健，作家骆以军等人撰文，抒发对星爷的热情并分析星式幽默，还提供只有粉丝才会注意到的电

影细节。

2005 年　湖南卫视选秀节目捧红了包括李宇春、张靓颖等一群默默无名的女生,缔造了玉米、凉粉等一批新生代粉丝群。粉丝这个词语成为一类人群的标志,羽毛、玉米、芝麻、笔亲、凉粉、盒饭、甜心、雪梨、年糕、飞碟等新鲜词语成为这群人的特殊指代。

"粉丝网"创立,这是一个专门为粉丝提供各种服务的专业娱乐网站。

"豆瓣网"创立,豆瓣帮助用户通过喜爱的东西找到志同道合者。

首届中国国际动漫节在杭州成功举办,观众突破 120 万人次。

12 月,"粉丝负面新闻"媒体报道:偏瘫多年的疯狂歌迷谢锋在周杰伦广州演唱会上一口气服下 30 粒安眠药。两年后在张学友的长沙演唱会上,他带着遗书吞下了 60 片安眠药。

易中天在 CCTV-10《百家讲坛》栏目讲解历史,因其白话式的幽默解析受到追捧。

2006 年　4 月,"粉丝负面新闻"媒体报道:一疯狂女粉丝在高架桥上企图跳河自杀来向林俊杰示爱。

上海文艺出版社出版易中天《品三国》一书,易中天被喻为"学术超男"。

7 月,由中国动漫网策划并组织编写的《Cosplay 全接触》出版发行。中国动漫网与 CHINAJOY 组委会再度合作举办"2006CHINAJOY 角色扮演嘉年华暨中国动漫网 6 周年庆典(北京文艺广播新派武侠专场)"活动。

8 月,“粉丝负面新闻”媒体报道:袁立遭遇“追踪男”罗先生的跟踪围堵,“追踪男”的行为激起了社会对“明星遭跟踪”的关注。

9 月,李宇春在北京首次举行签唱会。

10 月,于丹在《百家讲坛》连续七天解读《论语》心得,受到观众的热烈欢迎。同年,中华书局出版了于丹的《〈论语〉心得》一书。

2007 年

1 月,台湾地区《超级星光大道》节目播出,由台湾电视教父王伟忠打造的台湾地区电视歌唱选秀节目,推出了包括萧敬腾、杨宗纬在内的星光帮歌手。

3 月,“粉丝负面新闻”媒体报道:何灵遭遇疯狂粉丝,一名 30 岁少妇称愿意弃家追随其度过后半生。

3 月,“粉丝负面新闻”媒体报道:来自甘肃的杨丽娟为追逐偶像刘德华付出了沉重的代价,其父杨勤冀在香港留下遗书并跳海自杀身亡。

学者张嫱获得清华大学新闻与传播学院授予的博士学位,其博士论文《新媒介环境中的受众研究——以虚拟社区中的追星族为例》是国内第一篇研究粉丝的博士学术论文。

香港城市大学岳晓东博士先后在内地和香港出版了《我是你的粉丝——透视青少年偶像崇拜》和《追星与粉丝——青少年偶像崇拜探析》两本研究粉丝追星著作。

2008 年

1 月,陈冠希“艳照门”丑闻事件,数百张陈冠希与阿娇、张柏芝等 10 多位女明星的不雅照出现在网络上。

为纪念周星驰从影 20 周年,周星驰粉丝“星星帮”以自由行的方式,在 50 多个周星驰拍过戏的实地,角色扮演(Cosplay)模仿周星驰在戏中的造型及经典镜头。

5 月,“2008 上海同人展”成功举办。

11 月,“粉丝负面新闻”媒体报道:网络爆出东方神起乐队成员沈昌珉殴打中国孕妇的事件,“仙后”(东方神起乐队的粉丝)力挺沈昌珉并发表了一系列辱骂中国的言论,也由此引发了百度魔兽世界吧发起的“圣战”爆吧行动。

2009 年

8 月,《爱情公寓》系列电视剧发行,7 个青年男女用嬉笑怒骂的方式传达着新一代年轻人的生活状态和价值观念,受到年轻人追捧。

当年春晚,刘谦的魔术表演让全国的电视观众“见证了奇迹的时刻”,他随即红遍大江南北,魔术表演也在全国风靡开来。

2010 年

在张国荣纪念日,江西卫视《经典传奇》栏目主持人洪禹因在节目中对“哥哥”不敬引发粉丝众怒,电视台不得不向公众道歉并处分了相关人员。

6 月 1 日,JYP 公司男子组合 2PM 中的中泰混血儿 Nichkhun 与 S.M 公司女子组合 f(x)的中国成员 Victoria 进行了首次的韩国 MBC 人气真人秀节目“我们结婚了Ⅱ”录制。两人引起了粉丝的强烈关注,中国粉丝赠其“维尼夫妇”(取 Victoria 和 Nichkhun 的音译首字)称号。

在开心、人人等社交网站上,名为《搞笑漫画日和》的日本动画的中文网络配音版被众多网友追捧和转载。

图片索引

1. 第 3 页，张杰粉丝造势，来源：中国青年报 2008.1.16.

2. 第 7 页，利物浦球队球迷的纹身，来源：新浪爱问共享资料.

3. 第 11 页，“果粉”的热情，来源：东方早报 2011.11.12.

4. 第 14 页，《老友记》海报，来源：电影资料库 http://posters.7176.com/jz/38600.

5. 第 15 页，韩国 U-KISS 组合的海报，来源：韩国文化地带网站 http://www.koreaxu.com/viewthread.php?tid=94222.

6. 第 22 页，新浪网《越狱》专题页面截图，来源：新浪网 http://ent.sina.com.cn/f/v/jailbreak/.

7. 第 30 页，李炜“舞动奇迹”海报，来源：百度李炜吧 http://tieba.baidu.com/f?kz=1075530608.

8. 第 32 页，姚晨微博头像，来源：姚晨粉丝绘制：http://tieba.baidu.com/f?kz=1007220608.

9. 第 36 页，20 世纪 80 年代的时髦，来源：央视网 http://space.tv.cctv.com/act/article.jsp?articleId=ARTI1253071354157758&nowpage=3.

10. 第 46 页，中国粉丝网主页截图，来源：http://g.ifensi.com/category/kindOfStar/.

11. 第 61 页，狂热的球迷，来源：http://2006.qq.com/a/20060528/000028.htm.

12. 第 63 页，粉丝为纪念张国荣制作的明信片，来源：中国艺人网 http://www.300hu.com/news/0904/01/9165.html.

13. 第 77 页，QQ 会员哈利·波特之旅，来源：腾讯网 http://vip.qq.com/hp7/.

14. 第 78 页，“粉飞客”自创《奋斗》，来源：辉县网 http://bbs.huixian.net/thread-35622-1-1.html.

15. 第 93 页，“火影迷”创作的书，来源：书影拍摄.

16. 第 94 页，《搞笑漫画日和》，来源：T5K5.com：http://www.t5k5.com/bizhi/1295540553_18.shtml.

17. 第 100 页，引发“69 圣战”的韩国明星迷，来源：新华时报网：http://www.xinhuatimes.net/show.asp? id=5224.

18. 第 105 页，美剧《绯闻少女》的海报，来源：腾讯娱乐：http://ent.qq.com/d/tv/10/9632/.

19. 第 117 页，中日漫画迷举行交流和表演活动的海报，来源：http://www.ysland.net/simple/? t19496.html.

20. 第 125 页，“为星民服务”的粉丝公社，来源：http://www.lsjmw.net/888/0736/1316/1521/images/dm/10.jpg.

21. 第 129 页，电视剧《一起来看流星雨》中的植入式广告，来源：电视剧画面截图.

22. 第 133 页，Hello Kitty 迷的私家珍藏，来源：http://www.dianping.com/group/dazhe/topic/3167352.

23. 第 135 页，“哈利·波特魔法世界”主题公园开幕，来源：http://www.etu6.com/news/103133.html.

24. 第 139 页，粉丝绘制的《生活大爆炸》四主角图，来源：http://tieba.baidu.com/f? kz=956007069.

25. 第 144 页，中国粉丝对美剧《绯闻少女》的讨论，来源：人人网截图.

26. 第 161 页，字幕组对美剧《生活大爆炸》的风趣翻译，来源：百度贴吧空间素材吧 http：// tieba. baidu. com / f? kz =1110097466.

27. 第 163 页，粉丝绘制的周星驰海报，来源：网友 fanmingpeng 为周星驰画像 http：// tieba. baidu. com / f? kz= 1031078424 & fr=image_tieba.

主要参考文献

1. Ked Gelder, Sarah Thornton. The Subcultures Reader. London:Routledge,1997.

2. 曼纽尔·卡斯特.认同的力量[M].北京:社会科学文献出版社,2003.

3. 西莉亚·卢瑞.消费文化[M].张萍,译.南京:南京大学出版社,2003.

4. 安东尼·吉登斯.社会学(第四版)[M].赵旭东,等,译.北京:北京大学出版社,2003.

5. 约翰·费斯克.关键概念:传播与文化研究辞典[M].北京:新华出版社,2004.

6. 道格拉斯·凯尔纳.媒体文化——介于现代与后现代之间的文化研究、认同性与政治[M].丁宁,译.北京:商务印书馆,2004.

7. Matt Hills.迷文化[M].朱华瑄,译.台北:台湾韦伯文化出版社,2005.

8. 约翰·菲斯克.理解大众文化[M].王晓珏,宋伟杰,译.北京:中央编译出版社,2006.

9. 约翰·菲斯克.解读大众文化[M]杨全强,译.南京:南京大学出版社,2006.

10. 理查德·布茨.美国受众成长记[M].王瀚东,译.北京:华夏出版社,2007.

11. 岳晓东. 我是你的粉丝[M]. 上海: 上海人民出版社,2007.

12. 郑欣. 平民偶像崇拜——电视选秀节目的传播社会学研究[M]. 北京:中国传媒大学出版社,2008.

13. 迪克·赫伯迪格. 亚文化:风格的意义[M]. 陆道夫,胡疆峰,译. 北京:北京大学出版社,2009.

14. 陶东风. 粉丝文化读本[M]. 北京: 北京大学出版社,2009.

15. 刘燕. 媒介认同论[M]. 北京: 中国传媒大学出版社,2010.

16. 张嫱. 粉丝力量大[M]. 北京: 中国人民大学出版社,2010.

17. 约翰·菲斯克. 电视文化[M]. 祁阿红,张鲲,译. 北京:商务印书馆,2010.

18. 邓维佳. 迷与迷群:媒介使用中的身份认同建构[M]. 北京:中国传媒大学出版社,2010.

后记

三年前，我作为课题组成员，参与了马中红教授主持的“新媒介与青年亚文化”研究，本书的写作是这个研究的一部分。面对这一全新的研究课题，我们经历了从最初的兴奋和迷惘到逐渐冷静和清晰的历程。三年里，在常规的工作之余，我们对读书主题的选择、和学生们一起展开的调查和讨论、与外校学者进行的交流、参加的相关学术会议、参与的媒体文化板块的策划等等，几乎都围绕着这一课题展开。正是在这样的过程中，这部书稿的主题、视角和框架逐步明确起来。

近年来，我国已经有不少学者开始关注迷文化、研究迷文化，不仅为本书的写作提供了理论资源，也构成了本书的学术语境。我给本书确立的目标是从新媒介的视角切入这一领域，一窥其间的堂奥。在我看来，迷文化的生机、迷文化的矛盾、迷文化的力量、迷文化的复杂、迷文化的困境，无不与新世纪以来年轻人群对基于互联网的新媒介的广泛使用息息相关；迷文化不仅构成了当代中国青年亚文化在新媒介空间里不乏创造的文化实践的重要部分，而且在整个媒介文化版图中也呈现出色彩鲜亮而又富有粘合力的特质。

在一个没有神灵的时代，各色各样的迷群借助现代媒介创造出了自己的神。单个的迷作为个体一如芸芸众生，渺小得恍若尘粒；而当许许多多这样的个体，被他们共同创造的神所征服、吸引、凝聚时，竟也形成了建构一种文化的力量！新媒介空间里的迷文化是如此极富感性而颇具神力的存在，令我望而生畏而又充满好奇。在国外的迷文化研究中，有所谓“学者粉”（兼具粉丝和学者的双重身份的研究者），而对已过不惑之年的我来说，很难像一个真正的迷那样去感同身受其中的一切，很难融汇到迷群中去寻求自我和群体的认同，继而走出来反观其存在，对之加以研究。但是，在本书的写作过程中，对迷群及其文化实践的强烈好奇一直伴随着我，这也许也是一种“迷”。也因为如此，这本书的写作调整了我过去的论说方式，尽可能保留了更多的感性笔触。

这样的好奇心之所以能够维系，一个重要的支持来自我的研究生们。已经毕业的魏玉皎、李霁，尚在就读的高洁、杨培、朱文毓、尤静芳、冉思雨等同学，她们为本书寻找的资料、她们与我开展的讨论、她们对本书主题的感性经验，都对本书的成型提供了不可或缺的帮助。这部书稿同样也印记着同仁的关切和帮助，这些文字里氤氲着我们共同享有的咖啡和茶的香味，旅行中的惊喜，聚餐时的欢快，当然也还有我的呛人的烟味。曾经的那些严寒和酷热、焦躁和不安已经了无踪迹，而温和、静谧、恬淡和欣悦留在了我的心里。这样的感受，我愿意与见证了这本书写作过程的人们分享。

坦率地说，这本书稿的写作没有满足我对迷文化的好奇心，而是令好奇心进一步激发起来。当完成最后的修订之后，再次翻阅时，我心里不禁假设，如果能给我更多的时间，我一定会在好奇心的驱策下走得更远，从而有更多的发现。人世间完美绝对难求，遗憾总是难免，写作也许尤其如此。我希望自己今后的写作能在这本书启示的道路上继续向前。